Qualitätsmanagement: Begriffe und Definitionen

von Dr. Gerhard Gietl

Autor der 1. und 2. Auflage: Hans-Joachim Schneider

Verlag Dr. Ingo Resch GmbH

3. Auflage 2001
© 1996 Verlag Dr. Ingo Resch GmbH
Maria-Eich-Straße 77, D-82166 Gräfelfing
Alle Rechte vorbehalten
Umschlag: Helmut Brandl, Grafik Design, Gilching
Gestaltung und Satz: Norbert Dinkel, München
Druck und Bindung: Jos. C. Huber KG, Dießen
Printed in Germany
ISBN 3-930039-32-X

Vorwort zur 1. Auflage

Das Qualitätsbewusstsein ist in den letzten Jahren im Markt stark gestiegen. Wenn ein Unternehmen überleben will, muss es diese Kundenwünsche erfüllen und die entsprechenden organisatorischen Voraussetzungen schaffen, genannt Qualitätsmanagement. Doch schon bei der Einführung eines solchen Qualitätsmanagements entstehen Verständnisprobleme. So wird z. B. manches Mal ein Qualitätsmanagement-System mit einem Qualitätssicherungs-System verwechselt. Das ist – berücksichtigt man die Entwicklungsgeschichte – nicht ungewöhnlich. So treten bereits bei dem Einführen und Aufrechterhalten eines QM-Systems häufig Unstimmigkeiten auf, die Ursache in der verschiedenen Interpretation bestimmter Fachausdrücke haben. Auch das ist nicht ungewöhnlich, da die Inhalte bestimmter Begriffe häufig nicht eindeutig festgelegt sind.

Um dieser babylonischen Sprachverwirrung Einhalt zu gebieten, ist die eindeutige Definition verwandter Wörter und Begriffe im Bereich des Qualitätsmanagements eine wichtige Voraussetzung. Begriffe müssen geklärt werden, insbesondere, wenn Dienstleister mit der Industrie zusammenarbeiten und sich plötzlich herausstellt, dass beide bei der Verwendung ein und desselben Wortes etwas anderes meinen.

Diese Broschüre soll helfen, dem Praktiker die notwendige Klarheit zu vermitteln und Missverständnisse zu vermeiden. Außerdem wird derjenige, der bislang mit dem Qualitätsmanagement wenig zu tun hatte, schon beim Durchblättern und Nachlesen, was unter den einzelnen Begriffen zu verstehen ist, rasch Verständnis auch für die Notwendigkeit derartiger Qualitätsmanagement-Systeme entwickeln.

Die Idee für dieses Buch entstand aus einer jahrelangen Praxis des Autors durch eine Vielzahl von Beratungen und Schulungen, die er in der Wirtschaft durchgeführt hat. Er stieß immer wieder auf die gleichen Probleme, nämlich dass seine Gesprächspartner mit der im Qualitätsmanagement üblichen

Terminologie nicht vertraut sind. Wie aber sollen Lösungen gefunden werden, wenn die Gesprächspartner nicht die gleiche Sprache sprechen?

München, im Februar 1996   *Dr. Gerhard Gietl*

Vorwort zur 2. Auflage

Die 2. Auflage wurde durch einige Stichworte ergänzt, bestehende zum Teil korrigiert, um so der aktuellen Entwicklung Rechnung zu tragen.

München, im Oktober 1999   *Resch-Verlag*

Vorwort zur 3. Auflage

In den letzten Jahren hat sich das Verständnis für das Qualitätsmanagement stark geändert. Der Kundenfokus und die Prozessorientierung fließen zunehmend und vielfältig in die täglichen Abläufe der Unternehmen ein.

Diese Neuentwicklungen wirken sich naturgemäß auch auf die Bedeutung und Priorisierung von Begriffen aus. Diesen gerecht zu werden und der weiterhin vorherrschenden, vielleicht sogar größer gewordenen, babylonischen Sprachverwirrung Einhalt zu gebieten, ist Ziel des Buches. Es dient zur übersichtlichen Darstellung der einheitlichen Terminologie im Umfeld des Qualitätsmanagements.

Das Buch soll helfen, dem Praktiker die notwendige Klarheit und einheitliche Begriffswelt näher zu bringen. Es wird mehr als in den vorangegangenen Auflagen nicht nur eine kurze Darstellung von Begriffen und Abkürzungen gegeben. Darüber hinaus soll dem Leser eine umfassende Basis für das Verständnis der einzelnen Begriffe vorgelegt werden. Die frühere Ausgabe wurde dazu völlig überarbeitet.

München, im Juni 2001   *Dr. Gerhard Gietl*

AAI Englisch: Average Amount of Inspection
Durchschnittlicher Prüfumfang

a.a.R.d.T. Allgemein anerkannte Regeln der Technik; Erläuterung siehe dort

ABC-Analyse Qualitative Bewertungsmethode, die verschiedene Faktoren des betrieblichen Handelns aufgrund unterschiedlicher Grundlagen, z. B. von betriebswirtschaftlichen Bilanzen und unternehmensinternen Kennzahlen, über ein Klassifizierungsschema abstuft.
Kriterien können sein: gesetzliche Forderung; unternehmensinterne Kennzahlen, usw.

ABC-XYZ-Analyse Nach Durchführung der ABC-Analyse z. B. für ein Produkt kann mit Hilfe der XYZ-Analyse eine Abschätzung und relative Abstufung des Mengeneffekts der betrachteten Aspekte, Kennzahlen etc. durchgeführt werden. z. B.
X bedeutet hoher Mengeneinsatz
Y bedeutet mittlerer Mengeneinsatz
Z bedeutet geringer Mengeneinsatz
Mit der ABC-XYZ-Analyse liegt eine Übersicht über Schwachstellen und Informationsdefizite vor.
Weitere Einsatzbereiche: Lieferantenbewertung, ...

Abfall Bewegliche Sache, derer sich ihr Besitzer entledigt, entledigen will oder entledigen muss. Im Sinne des Kreislaufwirtschaftsgesetzes nur noch der nicht als Sekundärrohstoff verwertbare Anteil der Rückstände.
Anteil der verbrauchten Stoffe, der nicht in das fertige Produkt eingeht.

Ablaufdiagramm Strukturiertes Fließschema, aus dem sachliche und zeitliche Zusammenhänge erkennbar werden.

Ablaufprüfung Zwischenprüfung an einer Tätigkeit oder einem Prozess anhand ihrer Merkmale (DGQ-Schrift 11-04)

Ablieferungsprüfung Prüfung des Produkts nach festgelegten Forderungen vor dessen Auslieferung

Abnahmeprüfung Prüfung einer Einheit bei der Annahme nach festgelegten Kriterien auf Veranlassung und unter Beteiligung des Kunden bzw. des Auftraggebers oder eines entsprechend Beauftragten

Abweichung 1. „Unterschied zwischen einem Merkmals- und

einem Bezugswert; Bei einem quantitativen Merkmal: Merkmal minus Bezugswert" (DGQ-Schrift 11-04)
2. Ausdruck im Rahmen des Auditwesens für die Nichterfüllung einer aufgestellten Forderung bezüglich einer Norm, gesetzlichen oder sonstigen Vorgabe der auditierten Organisation;
Eine (kritische) Abweichung führt im Falle eines Zertifizierungsaudits zu einer Verweigerung der Zertifikatserteilung; eine (unkritische) Nebenabweichung erfordert zwar eine Korrekturmaßnahme, würde jedoch zu einer Zertifikatserteilung berechtigen

Abweichungsgenehmigung „Vor der Realisierung eines Produkts erteilte Erlaubnis, von ursprünglich festgelegten Anforderungen an das Produkt abzuweichen.
Anmerkung: Eine Abweichungsgenehmigung wird üblicherweise für eine begrenzte Menge des Produkts oder eine begrenzte Zeitspanne und für einen bestimmten Gebrauch erteilt." (DIN EN ISO 9000:2000)

Abweichungsgrenzbetrag Wert der Abweichung zwischen Höchst- bzw. Mindestwert und Bezugswert

AC Acceptance Number
Annahmezahl (siehe dort)

8 D-Report Alternative oder Ergänzung zum Reklamationsformular. Unter anderem ein im Rahmen der Nachweisführung eines QM-Systems gemäß den Elementen und Forderungen nach VDA 6.1 und VDA 6.4 angewandtes gebräuchliches Modul zur Reklamations- und Fehlerursachenanalyse und anschließender Maßnahmenlenkung.
8D = 8dots = Acht Punkte, z. B.: 1. Teamzusammensetzung, 2. Problembeschreibung, 3. Sofortmaßnahme, 4. Fehlerursachenanalyse, 5. Abstellmaßnahme definieren, 6. Abstellmaßnahme einführen und überprüfen, 7. Maßnahmen, die ein Wiederauftreten eines Problems verhindern (Implementierung und Überprüfung), 8. Würdigung von Leistung und Erfolg des Teams.

Acht Verschwendungen Siehe Verschwendungsarten

Activity-Based Costing Art der Kostenrechnung;
Gilt als Ursprung der Prozesskostenrechnung, jedoch zunächst nur für den Fertigungsbereich gedacht. Ziel des Activity-Based Costing ist die verursachungsgerechte Zuweisung der (Fertigungs-)Gemeinkosten.

AEPI Analysis of Error Possibilities and Influence Fehler-
Möglichkeits- und Einfluss-Analyse (FMEA, siehe dort)
Affinitätsdiagramm Qualitätstechnik; eines der 7 Manage-
mentwerkzeuge (M7);
Wird auch Verwandtschaftsdiagramm genannt. Dient
einem Team, um eine große Anzahl von Aussagen, Ideen,
Problemen, Äußerungen, Ansichten oder Meinungen zu
einem vorgegebenen Thema wenigen Gruppen zuzuord-
nen. Sehr oft im Anschluss an ein Brainstorming, zur
Gruppierung und Bündelung hierin zusammengetragener
Aussagen etc. Erste Ordnung „chaotisch" vorliegender
Daten, in dem diese unter Überschriften zusammengefasst
werden. Hilft Zusammenhänge herzustellen. Beitrag zur
Förderung der Kreativität einer Gruppe in allen Phasen des
Ideenfindungsprozesses. Erste Ordnung neuer noch un-
strukturierter Themenstellungen. Das Team kann auf diesem Weg eine gemeinsame Basis hinsichtlich des Verständ-
nisses des gestellten Themas finden. Eine Angleichung des
Wissensstandes der Teammitglieder, vor allem bei fachlich
sehr diffizilen Themen und Aufgaben, ist sekundärer
Nutzen. In Folge der gemeinsam erarbeiteten, detaillierten
Inputs und der entsprechenden geordneten Ergebnisse
sieht sich das Team als Verantwortlicher („Owner") des Er-
reichten und fühlt sich dem Ergebnis (mehr) verpflichtet.
Ablauf: Brainstorming, Überschriftendefinition, Zuord-
nung der gefundenen Inhalte, Bündelung, Priorisierung.
AFNOR Association Française de Normalisation
Französische Vereinigung für Normung; entspricht dem
DIN
AFQ Association Française des Qualiticiens
Französische Vereinigung für Qualität
Agenda 21 Weltweites Aktionsprogramm für das 21. Jahrhundert, auf der Rio-Konferenz der Vereinten Nationen
1992 von mehr als 170 Staaten verabschiedet: Soziale,
wirtschaftliche und umweltverträgliche nachhaltige Entwicklung (Sustainable Development) sind darin angespro-
chen; es beinhaltet detaillierte Handlungsaufträge, um
einer weiteren Verschlechterung der Situation auf der Erde
in diesen Bereichen entgegenzuwirken, eine schrittweise
Verbesserung zu erreichen und eine nachhaltige Wahrung
der natürlichen Ressourcen sicherzustellen.

AIAG Automotive Industry Action Group

Akkreditierung Formelle Anerkennung der Kompetenz eines Prüflaboratoriums, bestimmte Prüfungen oder Prüfungsarten auszuführen (DIN EN 45011)

Akkreditierung bedeutet die offizielle (z. B. durch die TGA) Anerkennung eines Verfahrens, das dafür nach entsprechenden Vorgaben sukzessive und detailliert untersucht worden ist.

Akkreditierung bedeutet die Prüfung der Prüfer (z. B. im Zertifizierungsbereich). Die Forderungen an Zertifizierer für QM-Systeme sind auf europäischer Ebene in der EN 45012 („General Criteria for Certification Bodies operating Quality System Certification") festgelegt. Die Überwachung auf Einhaltung dieser Normvorgaben erfolgt in Deutschland durch die TGA (siehe dort) und wird mit einer Urkunde (beinhaltet die zugelassenen Bereiche) beglaubigt. Das Verfahren für die Überwachung bzw. Überprüfung entspricht dem einer Zertifizierung.

Allgemein anerkannte Regeln der Technik Privates Regelwerk, das von der Mehrheit der Fachleute anerkannt ist. Diese Regeln sind wissenschaftlich fundiert und praktisch erprobt und somit geeignet und bewährt zum Lösen technischer Sachverhalte (z. B. DIN-Normen, VDI-Richtlinien, VDE-Vorschriften).

Alternativhypothese Über die Verteilung einer Grundgesamtheit, in der Erfahrungen, Annahmen oder theoretische Überlegungen zum Ausdruck kommen, können verschiedene Aussagen als Hypothesen aufgestellt werden. Liegt eine bestimmte Hypothese über eine Verteilung vor (siehe Nullhypothese), existiert zu dieser eine andere, alternative Variante: die Alternativhypothese.

AMDEC Analyse des Modes de Défaillance, de leurs Effets et de leur Criticité (entspricht FMEA, siehe dort)

Anbieter „Lieferant:

Organisation oder Person, die ein Produkt bereitstellt. Beispiel: Hersteller, Vertriebseinrichtung, Einzelhändler, Verkäufer eines Produkts oder Erbringer einer Dienstleistung oder Bereitsteller von Informationen.

Anmerkung 1: Ein Lieferant kann der Organisation angehören oder ein Außenstehender sein.

Anmerkung 2: In einer Vertragssituation wird ein Lieferant manchmal als „Auftragnehmer" bezeichnet."
(DIN EN ISO 9000:2000)
Fußnote in der deutschsprachigen Fassung der DIN EN ISO 9000:2000:
In EN 45011:1998 und EN 45014:1998 ist „supplier" mit „Anbieter" übersetzt.

Andon Visuelles Kontrollmittel zum eventuellen Bandstopp, entwickelt bei Toyota: grünes Signal = alles o. k., gelb = Hilfe benötigt, rot = Bandstopp notwendig

Anforderung „Erfordernis oder Erwartung, das oder die festgelegt, üblicherweise vorausgesetzt oder verpflichtend ist.
Anmerkung 1: „Üblicherweise vorausgesetzt" bedeutet, dass es für die Organisation, ihre Kunden und andere interessierte Parteien üblich oder allgemeine Praxis ist, dass das entsprechende Erfordernis oder die entsprechende Erwartung vorausgesetzt ist.
Anmerkung 2: Ein Bestimmungswort darf verwendet werden, um eine spezifische Anforderungsart zu bezeichnen, z. B. Produktanforderung, Qualitätsmanagementanforderung, Kundenanforderung.
Anmerkung 3: Eine festgelegte Anforderung ist eine Anforderung, die beispielsweise in einem Dokument angegeben ist.
Anmerkung 4: Anforderungen können von verschiedenen interessierten Parteien aufgestellt werden."
(DIN EN ISO 9000:2000)

Annahme Feststellung, dass ein Prüflos die Forderungen für die Annehmbarkeit erfüllt

Annahmeprüfung „Qualitätsprüfung zur Feststellung, ob ein bereitgestelltes oder geliefertes Produkt annehmbar ist" (DGQ-Schrift 11-04)

Annahmewahrscheinlichkeit „Wahrscheinlichkeit, mit der ein Prüflos aufgrund einer Stichprobenanweisung angenommen wird" (DGQ-Schrift 11-04)

Annahmezahl Von einer Stichprobenanweisung geforderte Höchstanzahl nichtkonformer Einheiten, Fehler bzw. Ausfälle, bei der das Prüflos noch akzeptiert wird

Annehmbare Qualitätsgrenzlage Als Beurteilungsgröße für Annahme- oder Rückweisentscheidung ist der AQL-Wert ein Kennwert für den Sorgfaltsgrad der Prüfung oder eine Kennzahl für das Risiko bei der Anwendung von Stichprobenverfahren. Das nach einer Stichprobe angenommene Los weist die in der Stichprobe gefundenen Fehler als offene Mängel gemäß HGB aus. (Der offene Mangel muss aus Gewährleistungsgründen vom Abnehmer dem Lieferanten durch eine Mängelrüge angezeigt werden.)

ANSI American National Standard Institute
Amerikanisches Institut für Normung; entspricht dem DIN

Ansprechschwelle „Kleinste Änderung des Wertes der Eingangsgröße, die zu einer erkennbaren Änderung des Wertes der Ausgangsgröße eines Messgeräts führt" (DGQ-Schrift 11-04)
Beispiel: Wert des kleinsten Stromimpulses, der bei einem Voltmeter dazu führt, dass eine Änderung der Anzeige erfolgt.

Anspruchsklasse „Kategorie oder Rang, die oder der den verschiedenen Qualitätsanforderungen an Produkte, Prozesse oder Systeme mit demselben funktionellen Gebrauch zugeordnet ist.
Beispiel: Klassen bei Flugscheinen oder Kategorien von Hotels in einem Hotelführer.
Anmerkung: Bei der Festlegung einer Qualitätsanforderung sollte die Anspruchsklasse generell angegeben werden."
(DIN EN ISO 9000:2000)

AOQ Average Outgoing Quality
Durchschlupf (siehe dort): Kennwert für mittlere, bereinigte Lieferqualität

AOQL Average Outgoing Quality Level
maximaler Durchschlupf (siehe dort)

APC Automatic Process Control
Automatisierte Prozesskontrolle bedeutet die automatisierte, ohne menschlichen Eingriff gesteuerte Kontrolle der Prozesse.

APQP Advanced Product and Quality Planing...
Begriff aus der QS-9000: Regelwerk für die Forderung der drei großen Automobilbauer der USA (Ford, Chrysler, GM) an ihre Zulieferer bezüglich der Entwicklung neuer Technologien, Produkte, etc.
Das APQP-Verfahren unterscheidet folgende Phasen mit hierbei hinterlegten Tätigkeiten und diesbezüglichen Ergebnissen: Konzeptphase, Planungs- und Definitionsphase, Prototypenphase, Pilotphase, Serienphase.

Anhaltspunkte mit Beschreibungen der Verfahren, Formblättern und Checklisten zur Qualitätsplanung und Produktionsablauf gibt das Referenzhandbuch APQP.

Das APQP-Handbuch unterteilt den Qualitätsplanungsprozess folgendermaßen: 1. Planung und Definition, 2. Produktdesign und -entwicklung, 3. Prozessdesign und -entwicklung, 4. Produkt- und Prozessvalidierung, 5. Produktion.

Dabei ist jeweils festzulegen:

Input: Vorgaben und Überprüfungen gegen Kriterien und Zielvorgaben.

Aktivitäten, Tätigkeiten und deren Dokumentation.

Zuständigkeiten.

Prüfung der Ergebnisse.

Output: Ergebnisse der Tätigkeiten als neuer Input der jeweils nächsten Phase.

AQAP Allied Quality Assurance Programs

AQAP-Standards Software-Engineering-Normen der NATO ausgedrückt in den AQAP

AQL Acceptable Quality Level
Kennwert für die Annehmbare Qualitätsgrenzlage (siehe dort)

Arbeitsanweisung Festlegungen von konkreten Handlungsweisen für einen Mitarbeiter (Bedienung von Anlagen, Einhaltung gesetzlicher Grenzwerte, Checklisten für Wartungskontrollgänge, etc.)

Arbeitsgenauigkeit „Durch die Fertigungseinrichtung bedingte Fertigungsgenauigkeit" (DGQ-Schrift 11-04)

Arbeitsstreubreite „Durch zufällige Abweichungen verursachte Arbeitsunsicherheit" (DGQ-Schrift 11-04)

Arbeitsumgebung „Satz von Bedingungen, unter denen Arbeiten ausgeführt werden.
Anmerkung: Bedingungen umfassen physikalische, soziale, psychologische und Umweltfaktoren (wie Temperatur, Anerkennungsprogramme, Ergonomie und Zusammensetzung der Atmosphäre)." (DIN EN ISO 9000:2000)

Arbeitsungenauigkeit „Durch die Fertigungseinrichtung bedingte Fertigungsgenauigkeit" (DGQ-Schrift 11-04)

Arithmetischer Mittelwert Summe der Istwerte dividiert durch die Anzahl der Istwerte

ARL Average Run Length
   Durchschnittliche Laufzeit
ASA American Standard Association
ASPQ Association Suisse de la Qualité
   Entspricht dem deutschen DIN
ASQ American Society for Quality
ASQC American Society for Quality Control
ASTM American Society for Testing and Materials
   Amerikanische Gesellschaft für Prüfwesen und
   Materialien
ATI Average Total Inspected
   Geprüfter Gesamtdurchschnitt
Attributprüfung Annahme-Stichprobenprüfung, bei der auf-
   grund der Anzahl der nichtkonformen Einheiten oder der
   Fehler in den einzelnen Stichproben die Annehmbarkeit
   des Prüfloses festgestellt wird.
Audit „Systematischer, unabhängiger und dokumentierter
   Prozess zur Erlangung von Auditnachweisen (siehe dort)
   und zu deren objektiver Auswertung, um zu ermitteln,
   inwieweit Auditkriterien (siehe dort) erfüllt sind. (...).
   Wenn Qualitäts- und Umweltmanagementsystem (siehe
   dort) zusammen auditiert werden, wird dies „kombiniertes
   Audit" genannt.
   Wenn zwei oder mehr auditierende Organisationen zusammen eine auditierte Organisation auditieren, wird dies
   „gemeinschaftliches Audit" genannt."
   (DIN EN ISO 9000:2000)
   Überprüfung der Wirksamkeit von festgelegten Forderungen (Standards, Merkmale, Parameter, Grenzwerte, ...) an
   ein System, Verfahren, Prozess oder Produkt mittels Soll-
   Ist-Vergleich. Dabei werden (z. B. schriftliche) Festlegungen
   auf Einhaltung überprüft und auf Eignung untersucht. Ein
   Audit stellt somit eine Art Befragung bzw. Interview
   einschließlich Beobachtungen dar, in dem die erhaltenen
   Ergebnisse und Informationen dazu dienen, Verbesserungen und/oder Nichtkonformitäten mit den Festlegungen
   festzustellen. Daraus leiten sich Maßnahmen ab.
   Grundsätzlich gliedert sich ein Audit in folgende Einheiten:
   • Einleitung und Vorbereitung (ggf. vorbereitende Doku-
     mentenprüfung), Auditplanung

- Einführungsgespräch
- Interview und Datenerfassung
- Schlussgespräch
- Auditberichterstellung

Das Wort Audit leitet sich von dem lateinischen Begriff „audire = hören, zuhören" ab.

Auditauftraggeber   „Organisation oder Person, die ein Audit anfordert."
(DIN EN ISO 9000:2000)

Auditfeststellung   „Ergebnisse der Beurteilung der zusammengestellten Auditnachweise (siehe dort) gegen Auditkriterien (siehe dort).
Anmerkung: Auditfeststellungen können entweder Konformität oder Nichtkonformität mit Auditkriterien oder Verbesserungsmöglichkeiten aufzeigen." (DIN EN ISO 9000:2000)

Auditieren   „Auditieren des Qualitätsmanagementsystems: Audits dienen der Ermittlung, inwieweit die Qualitätsmanagementsystem-Anforderungen erfüllt sind. Auditfeststellungen (siehe dort) werden verwendet, um die Wirksamkeit des Qualitätsmanagementsystems zu bewerten und Verbesserungsmöglichkeiten zu erkennen.
ISO 19011 stellt eine Anleitung für das Auditieren bereit."
(DIN EN ISO 9000:2000)
siehe auch „Erstparteien-", „Zweitparteien-" und „Drittparteien-Audits"

Auditierte Organisation   „Organisation, die auditiert wird."
(DIN EN ISO 9000:2000)

Auditkriterien   „Satz von Politiken, Verfahren oder Anforderungen, der als Referenz herangezogen wird." (DIN EN ISO 9000:2000)

Auditnachweis   „Aufzeichnungen, Tatsachenfeststellungen oder andere Informationen, die für die Auditkriterien zutreffen und verifizierbar sind.
Anmerkung: Auditnachweise können qualitativ oder quantitativ sein." (DIN EN ISO 9000:2000)

Auditor   „Person mit der Qualifikation, ein Audit durchzuführen." (DIN EN ISO 9000:2000)
Die Qualifikation erfolgt nach ISO 10011-2:1991 Leitfaden für das Audit von Qualitätsmanagementsystemen,
Teil 2: Qualifikationskriterien für Qualitätsauditoren, in

Form eines entsprechenden Nachweises. (oder siehe hierzu Entwurf zur ISO 19011)

Auditprogramm „Satz von einem oder mehreren Audits, die für einen spezifischen Zeitraum geplant werden und auf einen spezifischen Zweck gerichtet sind." (DIN EN ISO 9000:2000)

Auditschlussfolgerung „Ergebnis eines Audits, das das Auditteam nach Erwägung der Auditziele und aller Auditfeststellungen geliefert hat." (DIN EN ISO 9000:2000)

Auditteam „Ein oder mehrere Auditoren, die ein Audit durchführen.
Anmerkung 1: Ein Auditor des Auditteams ist üblicherweise als Leiter des Auditteams eingesetzt.
Anmerkung 2: Das Auditteam kann auch in der Ausbildung befindliche Auditoren und bei Bedarf Sachkundige umfassen.
Anmerkung 3: Beobachter können das Auditteam begleiten, aber handeln nicht als Teil davon." (DIN EN ISO 9000:2000)

Auflösung Quantitative Fähigkeit eines Messgerätes zur Unterscheidung unmittelbar nebeneinander liegender Mess-werte. Faktor der insbesondere im Rahmen der Messung, Analyse und Verbesserung von Produkten (Stichwort Messtoleranzen und Prüfmittel/Messmittel) von Bedeutung ist.

Aufzeichnung „Dokument, das erreichte Ergebnisse angibt oder einen Nachweis ausgeführter Tätigkeiten bereitstellt.
Anmerkung 1: Aufzeichnungen können z. B. zur Darlegung von Rückverfolgbarkeit und zum Nachweis von Verifizierung, Vorbeugungsmaßnahmen und Korrekturmaßnahmen herangezogen werden.
Anmerkung 2: Aufzeichnungen bedürfen üblicherweise nicht der Revisionslenkung." (DIN EN ISO 9000:2000)
Hinweis: Dokument kann dabei auftreten in Papierform, EDV-Form, Video, Bauteil, ...

Ausfall Beendigung der Funktionsfähigkeit

Ausreißer Extremwert aus einer Stichprobe, dessen Abweichung im Vergleich mit anderen Werten um Größenordnungen verschieden ist.

Ausschuss Fertigungs- und montagebedingtes Fehlprodukt, das auch durch Ausbesserungsarbeit (Nacharbeit) nicht mehr für den ursprünglich vorgesehenen oder irgendeinen anderen Zweck verwendet werden kann.

Auswahleinheit Einheit bei der Probenahme, die während dieser Probenahme nicht geteilt werden kann

Auswahlsatz Stichprobenumfang bezogen auf den Umfang der Grund- oder Teilgesamtheit, aus der die Stichprobe entnommen ist

Autonomation Überprüfung von Anlagen auf ordnungsgemäßen Betrieb durch Einrichtungen mit automatischem Signal bei Störungen (z. B. Zeittaktgeber, Tastschalter, etc.)

Balanced Scorecard In den USA entwickelte Methode mit Werkzeugen für ein Kennzahlensystem im Rahmen des Zielmanagementprozesses, das strategische Kennzahlen in die Handlungsfelder (meistens Finanzen, Kunden, Prozesse und Mitarbeiter) strukturiert und auf operative Ziele übersetzt.
Ausgangspunkt sind langfristige, globale Zielsetzungen (Vision). Diese werden in 3- bis 5-Jahresplänen in so genannten Durchbruchszielen in den Handlungsfeldern „ausbalanciert". Neben der Festlegung der Ziele wird die Vorgehensweise, um diese Ziele zu erreichen, sorgfältig und umfassend unter Betrachtung der notwendigen Ressourcen abgewogen und den Zielen zugeordnet.
Balanced Scorecard (BSC)

BAM Bundesanstalt für Materialprüfung

Bauartprüfung Prüfung im Hinblick auf ein materielles Endprodukt, bestehend aus Entwurfs- und Typprüfung.
Ein Hersteller erklärt die Konformität gegenüber zugelassener Bauart (EG-Baumuster-Richtlinien).
Eine benannte Stelle prüft danach bestimmte Aspekte des Produkts oder Produktstichproben in willkürlichen Abständen.
(Siehe auch CE-Kennzeichnung)

Baumdiagramm Qualitätstechnik; eines der 7 Managementwerkzeuge (M7);
Hilft bei der Darlegung von hierarchischen Abhängigkeiten oder Zusammenhängen. Es handelt sich um eine Methode, Themen und Aufgaben oder Prozesse in unterschiedliche Detailierungsstufen zu untergliedern. Zusammenhänge und Verbindungen werden zwischen den einzelnen Ebenen transparent (beispielsweise Zusammenhänge zwischen Zielvorgaben und Maßnahmen, Lösungsmöglichkeiten von Problemstellungen, Einzelschritte von Prozessen, Organigramme).
Spezielle Form: Fehlerbaumverfahren als Hilfsmodul zur systematischen Fehlerortung und Rückverfolgung durch die Prozesse

BCS British Calibration Service
Entspricht dem Deutschen Kalibrierdienst

BDE Betriebliches Datenerfassungssystem;
EDV-unterstütztes System für die Aufnahme von betrieb-

lichen Kennzahlen für Materialmengenflüsse, Tätigkeitsdauern, etc.

Wichtiges Werkzeug für das Prozessmanagement

Beauftragte Person   Es kann in drei unterschiedliche „Kategorien" von beauftragten Personen unterschieden werden:

1. Beauftragte Personen, die im Rahmen gesetzlicher Vorgaben eine Pflichtenübertragung bekommen haben, d. h. weisungsbefugt sind (z. B. beauftragte Person im Sinne des BImSchG)
2. Beauftragte Personen, die im Rahmen umweltrelevanter gesetzlicher Vorgaben Hinwirkungs- und Aufsichtspflichten haben (z. B. Abfallbeauftragter, Immissionsschutzbeauftragter, ...)
3. Sonstige beauftragte Personen, die aus keinerlei gesetzlicher Forderung im Unternehmen beauftragt werden, für bestimmte Aufgaben verantwortlich zu zeichnen (z. B. Managementbeauftragter, ...)

Beherrschter Prozess   Prozess dessen Parameter sich nur unter kontrollierten Bedingungen ändern; C_p, C_{pk}, sind Prozessparameter , die darüber Auskunft geben.

Im Sinne von Prozessmanagement (siehe dort) bedeutet ein beherrschter Prozess:

- Kundenforderungen werden ständig erreicht
- Kundenzufriedenheit ist sichergestellt
- Keine signifikanten Prozessabweichungen gegenüber Vorgaben
- Messsystem ermöglicht sofortige Identifizierung möglicher Prozessschwankungen, bevor Fehler bzw. Nichtkonformitäten entstehen
- Konsistenz der Eingaben und Vorgaben
- Notwendige Korrekturmaßnahmen richten sich auf die Ursache und die Produktschwäche gleichermaßen

Benchmarking   Benchmarking ist primär unter dem Prinzip „Lernen von den Besten" zu sehen (Wettbewerbsvergleich).

Benchmarking stellt eine systematische Methode dar, die es Unternehmen ermöglicht, eigene Leistungen, Methoden und Verfahren mit denen der Marktführer (Best in Class) oder mit Weltklasseunternehmen (Business Excellence) zu vergleichen.

Benchmarking ist ein zielgerichteter und kontinuierlicher Prozess, bei dem die Vergleichsobjekte unternehmensintern bzw. branchenintern oder auch branchenübergreifend analysiert werden. Dabei werden Unterschiede, deren Ursachen und Verbesserungsmöglichkeiten basierend auf erfolgskritischen Merkmalen (Kennzahlen) ermittelt.

Beschaffenheit „Gesamtheit der Merkmale und Merkmalswerte einer Einheit
Anmerkung 1: Der Begriff umfasst äußere und innere Beschaffenheit, außerdem alle Funktionsmerkmale...."
(DGQ-Schrift 11-04)
Im Englischen wird der Begriff mit „totality of characteristics and their values (Gesamtheit der Charakteristika und ihrer Werte)" beschrieben.

Bestände Auf Lager liegende Einheiten (Lager können sein: Eingangslager, Zwischenlager, Endlager, ...)
Bestände stellen eine der Verschwendungsarten in der Philosophie der kontinuierlichen Verbesserung (jap.: Kaizen) dar.

Beta-Test Ausdruck in der Softwareindustrie
Der bei Standardsoftware vor Erst-Auslieferung oftmals durchgeführte Test einer Software, wobei zahlreiche potenzielle Kunden als Versuchskandidaten genutzt werden (können).

Betriebsanweisung Betriebsanweisungen können unterschieden werden nach:
• Betriebsanweisung gemäß ASiG
• Betriebsanweisung für das Führen einer Anlage (z. B. gemäß StörfallV)
• Häufig wird eine Betriebsunterweisung gemäß § 20 GefStoffV als Betriebsanweisung bezeichnet

Betriebsunterweisung Im Sinne des § 20 der Gefahrstoffverordnung eine durch den Arbeitgeber zu erstellende arbeitsbereichs- und stoffbezogene Unterweisung, in der auf die mit dem Umgang mit Gefahrstoffen verbundenen Gefahren für Mensch und Umwelt hingewiesen wird. Zudem werden die erforderlichen Schutzmaßnahmen und Verhaltensregeln, das Verhalten im Gefahrfall und die Erste Hilfe festgelegt und auf die fachgerechte Entsorgung hingewiesen. Die Betriebsunterweisung ist in verständlicher Form und in der Sprache der Beschäftigten abzufassen und an geeigneter Stelle in der Arbeitsstätte bekannt zu machen. Arbeitnehmer, die mit Gefahrstoffen umgehen, müssen anhand der Betriebsanweisung über die auftretenden Gefahren und über die Schutzmaßnahmen unterwiesen werden. Gebärfähige Arbeitnehmerinnen sind zusätzlich über die für werdende und stillende Mütter möglichen Gefahren und Beschäftigungsbeschränkungen zu unterrichten. Die Unterweisungen haben vor der Beschäftigung und danach mindestens einmal jährlich mündlich und arbeitsplatzbezogen zu erfolgen. Inhalt und Zeitpunkt der Unterweisung sind schriftlich festzuhalten und von den Unterwiesenen durch Unterschrift zu bestätigen.

Beurteilen „Beurteilen von Qualitätsmanagementsystemen; Beurteilen von Prozessen im Qualitätsmanagementsystem; Für das Beurteilen von Qualitätsmanagementsystemen gibt es vier Grundfragen, die für jeden zu beurteilenden Prozess gestellt werden sollen:

a) Ist der Prozess festgelegt und in geeigneter Weise beschrieben?

b) Sind die Verantwortlichkeiten zugeordnet?

c) Sind die Verfahren umgesetzt und aufrechterhalten?

d) Ist der Prozess wirksam in Bezug auf die geforderten Ergebnisse?

Die gesamten Antworten auf diese Fragen können über das Ergebnis der Beurteilung entscheiden. Beurteilungen eines Qualitätsmanagementsystems können im Umfang unterschiedlich sein und einen Bereich von Tätigkeiten umfassen, wie Auditieren und Bewerten des Qualitätsmanagementsystems und Selbstbewertungen." (DIN EN ISO 9000:2000)

Bewertung „Tätigkeit zur Ermittlung der Eignung, Angemessenheit und Wirksamkeit der Betrachtungseinheit, festgelegte Ziele zu erreichen
Anmerkung: Bewertung kann auch die Ermittlung der Effizienz enthalten.
Beispiele: Managementbewertung, Entwicklungsbewertung, Bewertung von Kundenanforderungen und Bewertung von Fehlern."
(DIN EN ISO 9000:2000)

Bewertungsschärfe Ausdruck aus dem Bereich der Stichprobenprüfung;

Kennlinien der Operationscharakteristiken (siehe dort) haben unterschiedliche Verlaufsformen und sind abhängig von der Kombination aus Stichprobengröße und Annahmezahl.

Die Bewertungsschärfe drückt das Maß für die Lage der Kennlinie in einem Diagramm aus. In diesem Diagramm wird die Annahmewahrscheinlichkeit gegen den Fehleranteil (bei einer bestimmten Stichprobengröße und Annahmezahl) aufgetragen.

Die Bewertungsschärfe und das Trennvermögen (siehe dort) bestimmen Lage und Verlauf der Operationscharakteristik.

Bezugsgesamtheit   Ausdruck aus der Statistik für die Grundgesamtheit mit festgelegten Parametern der Verteilung für Vergleichszwecke

Bezugsnormal   Standard mit der höchsten verfügbaren Genauigkeit an einem betrachteten Ort, an dem Messungen vorgenommen werden und als Referenz für entsprechende Messgeräte herangezogen wird.

In der Regel eine Maßverkörperung, Messgerät, Referenzmaterial oder eine Messeinrichtung mit dem Zweck, eine Einheit oder Größenwerte zu bestimmen, um diese an andere Messgeräte durch Vergleich weiterzugeben. (z. B. Cäsium-Atom-Uhr, 1 kg-Massennormal, Parallelendmaß, etc.)

BGB   Bürgerliches Gesetzbuch

BGBl   Bundesgesetzblatt, Veröffentlichung neuer bzw. revidierter Gesetzgebungstexte

BGH   Bundesgerichtshof

BPM   Business Process Management
Entspricht im Deutschen dem Geschäftsprozessmanagement (siehe Geschäftsprozesse und Prozessmanagement)

BQA   British Quality Association, Britische Vereinigung für Qualität

Brainstorming   Eines der sieben Qualitätswerkzeuge (siehe dort) (Q 7)
Intuitives-kreatives Verfahren zur Ideengewinnung und Ideensammlung; struktur- und wahllose Sammlung von Begriffen, Vorschlägen etc., die schriftlich (während des Sammelns ohne Kommentar) fixiert werden.
Ziel ist die Ermittlung von zahlreichen verschiedenen

Ideen, Problemlösungen, Ansichten, Meinungen etc. durch Beteiligung mehrerer Personen, die hinsichtlich des zu betrachtenden Themas über unterschiedliche Kenntnisse verfügen bzw. verschiedene Standpunkte und/oder Interessensgruppen vertreten.
Es gibt verschiedenste Möglichkeiten der Herangehensweise und weiterführenden Ausgestaltung, z. B. über Affinitätsdiagramm; (siehe dort)

BS British Standard
Entspricht einer deutschen Norm

BSC Balanced Scorecard; (siehe dort)

BSI British Standards Institution
Entspricht dem deutschen DIN

B2B Business to Business
Ausdruck für Geschäftsabwicklung ausschließlich über elektronische Medien bzw. Intranet (z. B. Angebotseinholung, Bestellung, Kauf, Rechnung)

Business Reengineering Ausdruck für die strukturierte, fundamentale (radikal, revolutionär) Umgestaltung einer Organisation bzw. eines Unternehmens, bzw. von Prozessen
Höchster Grad der Ausprägung einer Restrukturierungsmaßnahme; es existieren keine Tabus, die im Rahmen einer Restrukturierung nicht angetastet werden dürfen; Alle Vorgänge werden in Frage gestellt; meistens verbunden mit der grundlegenden Änderung von Meinungsbildern im Unternehmen.

CAD Computer Aided Design;
Grafische Neuentwicklungen mit Hilfe der EDV (Bildschirm ersetzt das Reißbrett, Bleistift und Zirkel); Aufgabe ist die Anfertigung von Konstruktionszeichnungen auf der Grundlage von Konstruktionsberechnungen.

CAE Computer Aided Engineering;
Aufgabe ist die Berechnung von Konstruktionen auf der Grundlage von Konstruktionszeichnungen mit Hilfe der EDV.

CAM Computer Aided Manufacturing;
CAM dient insbesondere der Steuerung von Werkzeugmaschinen in der Produktion; die Steuerung der Maschinen erfolgt nicht manuell, sondern über Datenträger.

CAP Computer Aided Planning;
Zu computergestützten Planungstätigkeiten im Bereich der Produktion gehören die Auswahl der Werkstoffe, die Erstellung von Arbeits- und Montageplänen sowie die Entwicklung von Programmen für computergesteuerte Maschinen. Die Zusammenfassung dieser Planungsaktivitäten mit Hilfe von EDV-Techniken bezeichnet man als CAP.

CAQ Computer Aided Quality Control;
Qualitätssteuerung mit Hilfe der EDV

CASCO Komitee für Konformitätsbeurteilung
Konformitätsgremium in der ISO, das sich mit der Beurteilung über die Notwendigkeit und den Weg einer internationalen Norm befasst.

CAT Computer Aided Testing;
Prüfungsvorgänge mit Hilfe der EDV.

CATIA Spezielles CAD-Programm, das insbesondere in der Automobilindustrie eingesetzt wird

CATS Computer Aided Testing System;
Prüfsystem mit Hilfe der EDV.

CCF Common Cause Failure
Technik für die Sicherheitsbewertung für Sicherheitsforderungen (vornehmlich in der Soft- und Hardwareindustrie)

CCTU Comité de Coordination de Télécommunication
Spécification Unifiée
Das Komitee zur Koordination einheitlicher Telekommunikationsnormen regelt für die Telekommunikation ein internationales „harmonisiertes Gütebestätigungssystem"

CE Communautés Européennes (Europäische Gemeinschaft, EG)

CECC Cenelec Electronic Components Committee; das
Komitee der Europ. Gemeinschaft für elektronische
Komponenten regelt für Bauelemente der Elektronik
ein internationales „harmonisiertes Gütebestätigungssystem"

CEDAC Cause and Effects Diagram with the Addition of
Cards
Die Anwendung des Ursache-Wirkungs-Diagramms (Ishika-
wa-Diagramm; siehe dort) mit Hilfe der Kartentechnik

CE-Kennzeichnung Als Ausdruck der Übereinstimmung mit
EU-Richtlinien existiert seit Ende der 1980er-Jahre die CE-
Kennzeichnung. Deren Ziel ist die Konformität eines Produkts mit den in den EU-Richtlinien festgelegten allgemeinen Schutzabsichten abzubilden. Die CE-Kennzeichnung
dokumentiert lediglich die Erfüllung der grundlegenden
Anforderungen; bezeichnet eine Bauartkennzeichnung

CEN Comité Européen de Normalisation; Europäisches
Komitee für Normung.
CEN-Mitglieder sind die nationalen Normungsinstitute
von Belgien, Dänemark, Deutschland, Finnland, Frank-
reich, Griechenland, Irland, Island, Italien, Luxemburg,
Niederlande, Norwegen, Österreich, Portugal, Schweden,
Schweiz, Spanien, der Tschechischen Republik und dem
Vereinigten Königreich.

CENELEC Comité Européen de Normalisation Electronique;
Europäisches Komitee für elektrische Normung ist eine
europäische Normenorganisation für das Gebiet der Elektrotechnik

CEPT Conférence Européenne d'Administration des Postes et
des Télécommunications (Europäische Konferenz für Post-
dienst und Telekommunikation)

CFM Continuous Flow Manufacturing
Andere Bezeichnung für Kanban (siehe dort)
Produktion im ständigen Fluss

Change Management Konzept für das komplette Änderungs-
verhalten in der Führungs- und Unternehmenskultur.
Das Konzept beschreibt die systematische Analyse, Bewertung, Aufarbeitung und Einleitung von Maßnahmen aufgrund der Auseinandersetzung mit Widerständen, die auf

den nicht offiziellen Verhaltensweisen, den so genannten heimlichen Spielregeln, basieren.

CI 1. Corporate Identity; Erscheinungsbild eines Unternehmens nach innen und außen

2. Continuous Improvement; ständige Verbesserung

CIM Computer Integrated Manufacturing
Integrierte Informationsverarbeitung eines Industriebetriebs im Sinne des computergesteuerten Industriebetriebs, d. h. die Produktion wird EDV-technisch mit rechnerintegrierten flexiblen Fertigungssystemen gesteuert;
Die Aufgabe des CIM besteht vor allem darin, die Durchlaufzeiten eines Produkts von der Konstruktion durch alle Stufen der Herstellung bis zum Versand zu managen und zu verkürzen. Dadurch soll Kapitalbindung reduziert und größere Flexibilität erreicht werden.

CIQ Computer Integrated Quality Management
Qualitätsmanagement wird EDV-technisch mit rechnerintegrierten flexiblen Systemen gesteuert

CMM 1. Coordinate Measuring Machine (Koordinatenmessgeräte, siehe KMG)

2. Capability Maturity Model; ein in den USA entwickeltes und weit verbreitetes Modell, das die Prozessreife in fünf Stufen definiert

Coaching Coaching ist eine Lernart, die Handlungen von Führungskräften reflektiert. Sie gibt Hilfestellung und Unterstützung für Entscheidungen, welche Möglichkeiten des weiteren Handelns existieren. Es ist keine der üblichen Lehrmethoden. Vielmehr fördert Coaching aktiv das selbstständige Lernen und Erlernen, insbesondere im Bereich der sozialen und emotionalen Führungskompetenz.

Complianceaudit Auditart, bei der die Zielsetzung die systematische und sukzessive Abarbeitung aller gesetzlicher Forderungen in einem bestimmten Umfeld ist.

Controlling Teilfunktion der Unternehmensführung, die zur Steuerung des Unternehmens Planungs-, Kontroll- und Koordinationsaufgaben wahrnimmt, um betriebliche Entscheidungsträger mit den notwendigen Informationen zu versorgen.

Cost-Benefit-Analyse Kosten-Nutzen-Analyse, volkswirtschaftliche bzw. technische Untersuchung, bei der die auf-

C

zuwendenden Kosten mit dem zu erwartenden Nutzen verglichen werden.

CPC Continuous Process Control (kontinuierliche Prozesskontrolle)

Cp Kennzahl zur Prozessbeurteilung (siehe beherrschter Prozess)

Cpk Kennzahl zur Prozessbeurteilung (siehe beherrschter Prozess)

CRM Customer Relationship Management;
in der Regel computer- und datenbankunterstütztes Kundenbeziehungsmanagement

Cross Functional Management Funktions- bzw. abteilungsübergreifendes Management zur abteilungs- und bereichsübergreifenden Koordination von Aktivitäten

CSA Canadian Standards Association (Kanadische Vereinigung für Standardisierung)
Entspricht dem deutschen DIN

CSF Critical Success Factor (kritischer Erfolgsfaktor)
Strategisches Merkmal einer Organisation, das ausschlaggebend für den langfristigen Erfolg ist

CSM Customer Satisfaction Measurement; Messung der Kundenzufriedenheit im Rahmen des Kundenzufriedenheitsmanagements, als Beitrag zur optimierten Erfüllung der Kundenwünsche.
Bei der Messung der Kundenzufriedenheit gibt es die unterschiedlichsten Verfahrensansätze, z. B. den ereignisorientierten Ansatz oder den merkmalorientierten Ansatz. Dabei sind vor allem Unterschiede im Zeitpunkt, bezüglich des Inhaltes und der Art der Fragestellungen maßgeblich für die Aussagekraft und das Ergebnis dieses Analyseverfahrens.

CWQC Company-Wide Quality Control (unternehmensweite Qualitätskontrolle, siehe auch „TQC")

DAA Department Activity Analysis (Abteilungstätigkeits-analyse)

DACH Deutsche Akkreditierungsstelle Chemie

DAE Deutsche Akkreditierungsstelle Elektrotechnik

DAM Deutsche Akkreditierungsstelle Metall und verbundene Werkstoffe

DAP 1. Deutsche Akkreditierungsstelle Prüfwesen
2. Deming Application Price

DAR Deutscher Akkreditierungsrat

Darlegungsforderung Erklärung und Demonstration gegen-über dem Kunden oder Dritten (z. B. Behörden, etc.) in Bezug auf die Realisation eines Qualitätsmanagements oder Teilen daraus.

Darlegungsgrad Ausmaß von Nachweisen, um Vertrauen gegenüber Interessensgruppen zu schaffen, dass festgelegte Forderungen erfüllt sind. Der Darlegungsgrad reicht von einer Erklärung, dass detaillierte Dokumente vorhanden sind, bis hin zur Übergabe dieser Dokumente.

Darlegungsstufe Klasseneinteilung der Darlegungsforderung (siehe dort) nach dem geforderten Darlegungsumfang (siehe dort).

Darlegungsumfang Ausmaß der im Rahmen der ausgewähl-ten Darlegungsstufe für die QM-Darlegung nötigen QM-Aspekte.

DASET Deutsche Akkreditierungsstelle Stahlbau und Energie-technik

DASMIN Deutsche Akkreditierungsstelle Mineralöl GmbH

DATech Deutsche Akkreditierungsstelle Technik e.V.

DAU Deutsche Akkreditierungs- und Umweltgutachterzu-lassungsgesellschaft mbH

Deming Amerikanischer Qualitätsexperte, der sehr viel Erfolg in Japan hatte;
Deming-Preis – Qualitätspreis in Japan, erstmals 1951 verliehen.
Deming-Kreis (PDCA – plan do check act; siehe dort) basiert auf dessen Ideen und Errungenschaften

Designprüfung Durchführung formeller, geplanter und doku-mentierter Prüfungen der Designergebnisse durch alle beteiligten Stellen in den unterschiedlichen Konkretisie-rungsphasen eines Entwicklungsprozesses, d. h. dokumen-tierte, umfassende und systematische Untersuchung zur

Fähigkeitsbeurteilung eines Designs oder eines neu entwickelten Produkts auf Erfüllung der Qualitätsforderungen. Ziel ist festzustellen, ob Probleme vorhanden sind sowie diese ggf. zu lösen.

DFA   Design for Assembly (Konstruktionsgestaltung); Methoden-Know-how Zusatzforderung nach QS-9000

DFM   Design for Manufacturing (Produktionsgestaltung); Methoden-Know-how Zusatzforderung nach QS-9000

DFMA   Design for Manufacture and Assembly (Gestaltung für Produktion und Konstruktion)

DGPI   Deutsche Gesellschaft für Produktinformation

DGQ   Deutsche Gesellschaft für Qualität

DGWK   Deutsche Gesellschaft für Warenkennzeichnung

DGZfP   Deutsche Gesellschaft für Zerstörungsfreie Prüfung

Diagnoseteam   Team, gebildet um Untersuchungen und fachliche Beurteilungen bezüglich eines Zustandes und über die Beschaffenheit von etwas anzustellen bzw. abgeben zu können.

Dienstleistung   „Ergebnis eines Prozesses. ...
Anmerkung 2: Eine Dienstleistung ist das Ergebnis mindestens einer Tätigkeit, die notwendigerweise an der Schnittstelle zwischen dem Lieferanten und dem Kunden ausgeführt wird und üblicherweise immateriell ist. Zur Erbringung einer Dienstleistung kann z. B. gehören:
– eine Tätigkeit, die an einem vom Kunden gelieferten materiellen Produkt ausgeführt wird (z. B. einem zu reparierenden Auto);
– eine Tätigkeit, die an einem vom Kunden gelieferten immateriellen Produkt ausgeführt wird (z. B. der für die Erstellung einer Steuerrückerstattung erforderliche Einkommensnachweis
– die Lieferung eines immateriellen Produkts (z. B. die Vermittlung von Informationen im Zusammenhang mit Wissenstransfer);
– die Schaffung einer Umgebung für den Kunden (z. B. in Hotels und Restaurants).“ (DIN EN ISO 9000:2000).
(Siehe auch „Produkt"

DIN   Deutsches Institut für Normung e.V.,
vom Dt. Normenausschuss erarbeitete und unter dem Zeichen DIN in Form von Normblättern veröffentlichte Normen; die Sammlung aller DIN-Normen bildet das

Deutsche Normenwerk. Dieses umfasst etwa 20.000 DIN-Normen als Begriffsbestimmungen, Abmessungen, Prüverfahren, Sicherheitsvorschriften, Verfahrensricht-linien, Größenfestlegungen usw. für techn. Gebiete, Naturwissenschaften, Medizin, Landwirtschaft und viele andere Bereiche menschlichen Wirkens. Mit etwa 2/3 aller Normen stellt der technische Bereich den weitaus größten Teil.

Diskretes Merkmal „Quantitatives Merkmal, dessen Wertebe-reich endlich oder abzählbar unendlich ist" (DGQ-Schrift 11-04)

DITR Deutscher Informationsdienst für Technische Regeln

DKD Deutscher Kalibrierdienst
System, in dem die Kalibrierlaboratorien (privatrechtlich, öffentlich-rechtlich) mit der Physikalischen-Technischen Bundesanstalt (PTB, siehe dort) auf der Grundlage von privatrechtlichen Verträgen zusammenarbeiten. Die Teil-nahme an diesem System ist freiwillig. Das System umfasst die Kalibrierung von Messgeräten und Maßverkörperungen aller Art, wobei das erteilte Kalibrierzeichen kein Konfor-mitätszeichen darstellt.

DKE Deutsche Kommission Elektrotechnik, Elektronik und Informationstechnik im DIN/VDE

DoE Design of Experiments (Gestaltung von Experimenten); Experimentelle Methode des Qualitätsmanagements mit-tels statistischer Versuchsplanung (siehe dort), mit dem Ziel, den Versuchsaufwand z. B. in Forschung und Entwick-lung zu reduzieren. Methoden-Know-how als Zusatzforde-rung im QS-9000.

Dokument „Information und ihr Trägermedium.
Beispiele: Aufzeichnung, Spezifikation, Verfahrensdoku-ment, Zeichnung, Bericht, Norm.
Anmerkung 1: Das Medium kann Papier, eine magnetische, elektronische oder optische Rechnerdiskette, eine Fotogra-fie, ein Bezugsmuster oder eine Kombination daraus sein.
Anmerkung 2: Ein Satz von Dokumenten, z. B. Spezifikatio-nen und Aufzeichnungen, wird häufig als „Dokumenta-tion" bezeichnet.
Anmerkung 3: Einige Anforderungen (z. B. die Anforderung nach Lesbarkeit) gelten für alle Arten von Dokumenten, obgleich es verschiedene Anforderungen für Spezifikatio-

nen (z. B. die Anforderung nach Lenkung durch Revision) und Aufzeichnungen (z. B. die Anforderung nach Abrufbarkeit) geben kann." (DIN EN ISO 9000:2000)
Ein Dokument beinhaltet Vorgaben und kann von unterschiedlichster Form sein. Im Normengebrauch eines Managementsystems ist es gelenkt, d. h. es muss ein genau definiertes Lenkungsprozedere (Ersteller, Prüfer, Freigeber, Revisionsstand, Verteiler, Aktualität, ...) festgelegt sein.
Ein Dokument kann im Unterschied zu Aufzeichnungen geändert werden und weist zeitlich gesehen in die Zukunft (Plan, Arbeitsanweisung, zu benutzendes Formular, EDV-Maske, Erstmustervergleichsstück, ...) während eine Aufzeichnung zeitlich gesehen die Vergangenheit betrachtet (Bericht, Protokoll, ausgefülltes Formular, ...).
Hinweis: Umgangssprachlich werden die Begriffe synonym verwendet.

Dokumentation   Eine Dokumentation umfasst eine nach bestimmten Kriterien definierte Anzahl von Dokumenten (z. B. Managementdokumentation, Projektdokumentation ...)

DQCG   Deutsche Quality Circle Gesellschaft

Drei G   Ausdruck aus dem Japanischen im Bereich der kontinuierlichen Verbesserung;
bedeutet soviel wie „die drei echten Dinge", die bei der Problemlösung berücksichtigt werden müssen:
Gemba, Gembutsu, Gemjitsu; (siehe jeweils dort)

Drittparteien-Audit   „Drittparteien-Audits werden von externen unabhängigen Organisationen durchgeführt. Solche Organisationen bieten die Zertifizierung oder Registrierung der Konformität mit Anforderungen wie z. B. den der ISO 9001 und ISO 14001." (DIN EN ISO 9000:2000)
(siehe auch unter Audit)

Durchschlupf   Kennwert für mittlere, bereinigte Lieferqualität
„Erwartungswert der Qualitätslage nach der Annahmestichprobenprüfung unter der Annahme einer Sortierprüfung der rückgewiesenen Prüflose bei vorgegebenen Voraussetzungen" (DGQ-Schrift 11-04)

DVS   Deutscher Verband für Schweißtechnik

EAC European Accreditation of Certification (Europäische
Akkreditierungsstelle für Zertifizierung)

E-business Electronical Business
Ausdruck für Geschäftsabwicklungen über elektronische
Medien bzw. Internet

E-commerce Electronical Commerce
Ausdruck für Handelstätigkeiten über elektronische
Medien bzw. Internet

ECR Efficient Consumer Response
Ansatz zur Optimierung der Wertschöpfungskette zwischen Kunde und Hersteller. Mittels Scanner werden
Verkaufsdaten beim Kunden erfasst und an den Hersteller
weiter-geleitet. Die Nachschubversorgung erfolgt bedarfs-
orientiert und kontinuierlich und berücksichtigt dabei
absatzschwankende Ereignisse.

ED Experimental Design
Methode in der Entwicklung, die Neuentwicklung von
Produkten durch das „Ausprobieren" über Experimente
betreibt

EDI Electronic Data Interchange
Technische Infrastruktur, die vor allem zwischen Kunde
und Lieferant eingesetzt wird; z. B. Datenfernübertragung
(E-Mail, etc.) von Aufträgen und Auftragsbestätigungen in
automatisierter Form.

EFD Environmental Function Deployment
Dokumentative Aufstellung und Klarstellung umweltrelevanter Forderungen (entsprechend der QFD, siehe dort)

Effektivität „Ausmaß, in dem geplante Tätigkeiten verwirk-
licht und geplante Ergebnisse erreicht werden" (DIN EN
ISO 9000:2000)
Die Effektivität wird umschrieben mit „die richtigen
Dinge tun" im Gegensatz zu Effizienz („die Dinge richtig
tun")

Effizienz „Verhältnis zwischen dem erreichten Ergebnis und
den eingesetzten Ressourcen (DIN EN ISO 9000:2000)
Die Effizienz wird umschrieben mit „die Dinge richtig tun"
im Gegensatz zu Effektivität („die richtigen Dinge tun")

EFQM European Foundation for Quality Management; von
der Industrie gegründeter Verein. Das EFQM-Modell für
Excellence stellt ein umfassendes Qualitätskonzept dar, in
dem die Belange des Qualitätsmanagements in allen Ebe-

nen, Bereichen und Tätigkeiten strategisch berücksichtigt werden.

Es bietet Kriterien zu einer erfolgreichen Unternehmensführung und offeriert einen wirksamem Kompass, der einer Organisation auf dem Weg zu einem zweckmäßigen Managementsystem für nachhaltigen Unternehmenserfolg hilft.

Selbstbewertung und Benchmarking mit Hilfe des EFQM-Modells für Excellence fördern das Engagement des Unternehmens und beschleunigen den Prozess der kontinuierlichen Verbesserung.

EG-Öko-Audit Mit der Verordnung Nr. 1836/93 vom 29. Juni 1993 (im allgemeinen Sprachjargon als EG-Öko-Audit-Verordnung bezeichnet; engl. EMAS) formulierte die Europäische Gemeinschaft ein System für die Durchführung eines Öko-Audits, an dem gewerbliche Unternehmen freiwillig teilnehmen können. Inhalte der EG-Öko-Audit-Verordnung umfassen im wesentlichen die Durchführung einer Umweltbetriebsprüfung (das Öko-Audit) sowie die Einrichtung eines Umweltmanagementsystems. Als nächster Schritt muss den Firmen die ordnungsgemäße Einrichtung und Durchführung dieser Maßnahmen von unabhängigen Umweltgutachtern bestätigt werden. Geprüft wird vor allem die so genannte Umwelterklärung, die die Umweltpolitik sowie Umweltziele des Unternehmens in verständlicher Form darstellen soll. Ist diese Prüfung (Validierung) erfolgreich abgeschlossen, erhält das Unternehmen ein entsprechendes Zertifikat und kann bei der zuständigen Industrie- und Handelskammer oder Handwerkskammer registriert werden.

EG-UmwAuditVO Siehe EG-Öko-Audit

EichG Gesetz über das Mess- und Eichwesen (Eichgesetz) Beschreibt Eichpflicht, Fertigpackungen, Waagen

Eichung Eichbehördliches Prüfen einer Messeinrichtung nach Eichvorschriften und Stempeln. Kennzeichnung bei Erfüllung der Forderungen (insbesondere Eichfehlergrenzen). Erfüllung nach Beschaffenheit und messtechnischen Eigenschaften.

Eingangsprüfung Annahmeprüfung eines zugelieferten Produktes

Eingriffsgrenze In einer Qualitätsregelkarte eingetragener

Höchst- und/oder Mindestwert, bei dessen Über- oder Unterschreitung durch Istwerte eine Korrektur des Prozesses abgeleitet wird und/oder eine Klärung der Ursache für die Änderung des Prozesses nötig ist.

Einheit (Im-)materielles Objekt, d. h. das, was einzeln beschrieben und betrachtet werden kann (z. B.: Tätigkeit, Prozess, Produkt, Dienstleistung, Organisation, System, Person oder irgendeine Kombination daraus).

Einzelergebnis „Einzelner, auf niedrigster Ermittlungsstufe festgestellter Merkmalswert" (DGQ-Schrift 11-04)

Einzelkosten Begriff aus der Kostenleistungsrechnung der BWL;
Einzelkosten sind Aufwendungen, die einem Produkt oder einer zu erbringenden Dienstleistung direkt zugeordnet werden können (z. B. Materialkosten für ein Produkt).

EMAS Eco-Management and Audit Scheme (= System für das Umweltmanagement und die Umweltbetriebsprüfung). In der Umgangssprache wird hierfür in der Regel der Begriff „EG-Öko-Audit" verwendet. „EMAS" ist jedoch der umfassendere Begriff.

EMP Erstmusterprüfung
Erste Prüfung von nachfolgenden vorgesehenen oder zugelassenen Qualitätsprüfungen

Empfindlichkeit Nachweisbare Reaktion auf eine externe Einwirkung. Veränderung eines Ausgangswertes bezogen auf die Änderung des Eingangswertes.
(Beschreibt die Änderung des Wertes am Messgerät)

Empirische Verteilungsfunktion Ausdruck aus der Statistik
„Funktion, die jedem Merkmalswert die Häufigkeit von Istwerten zuordnet, die kleiner oder gleich diesem Merkmalswert sind" (gemäß DGQ-Schrift 11-04)

Empowerment Begriff aus dem Umfeld der „modernen Unternehmensführung" und TQM
Empowerment beschreibt das partizipative Teilnehmen eines Mitarbeiters an den Entscheidungsprozessen eines Unternehmens. Verantwortungen für Entscheidungen werden auf Mitarbeiter delegiert, um eine flache Hierarchie zu schaffen.
Mitarbeiter erlangen eine Kompetenzerweiterung in ihrem Aufgabenumfeld.

EN Europäisches Normenprogramm

Wird als Kürzel zur Kennzeichnung als europäische Norm verwendet.

End-of-Pipe-Technologie Technische Umweltschutzmaßnahme am Ende eines Prozesses, die durch Behandlung von Abfall, Abluft oder Abwasser versucht, die Umweltwirkung gering zu halten.

Endprüfung Letzte Qualitätsprüfung vor Übergabe einer Einheit bzw. eines Produkts an den Kunden bzw. den Auftraggeber.

Entwicklung „Satz von Prozessen, der Anforderungen in festgelegte Merkmale oder in die Spezifikation eines Produkts, eines Prozesses oder eines Systems umwandelt.

Anmerkung 1: Die Benennungen „design" und „development" werden im Englischen manchmal synonym, manchmal jedoch zur Definition verschiedener Phasen des gesamten Entwicklungsprozesses verwendet.

Anmerkung 2: Ein Bestimmungswort kann verwendet werden, um die Art des zu Entwickelnden näher zu bezeichnen (z. B. Produktentwicklung oder Prozessentwicklung)."
(DIN EN ISO 9000:2000)

Entwicklungsmuster „Muster zur Prüfung des Entwicklungsstandes einer Einheit" (DGQ-Schrift 11-04)
Muster aus einer Entwicklungsphase, bei der die Entwicklung des Produkts bzw. der Einheit noch nicht gemäß den Vorgaben vollständig abgeschlossen sein muss.
In der Regel mit dem Prototypen (siehe dort) gleich zu setzen;
Auch Entwurfsmuster genannt

Entwurfsprüfung Siehe Entwicklungsmuster

EOQ European Organization for Quality;
im Jahr 1957 gegründeter Verband, der sich als Koordinationsorgan und Treiber seiner Mitglieder zum Ziel gesetzt hat, die effektive Verbesserung auf dem Gebiet des Qualitätsmanagements (Qualität und Zuverlässigkeit von Produkten und Dienstleistungen, ...) zu forcieren.

EOQC European Organization for Quality Control (Europäische Organisation für Qualitätskontrolle)

EOTC European Organization for Testing and Certification (Europäische Organisation für Prüfung und Zertifizierung)
Legt einheitliche Anforderungen über die gegenseitige Anerkennung im ungeregelten Bereich fest.

EPIA Error Possibility and Influence Analysis (siehe FMEA, AEPI)

E-procurement electronical procurement
Ausdruck für die Beschaffungsvorgänge über elektronische Medien bzw. Internet

EQA European Quality Award; Europäischer Qualitätspreis, Auszeichnung. Der EQA wird seit 1992 jährlich an Unternehmen vergeben, die Spitzenleistungen durch Qualitätsmanagement als grundlegenden Prozess zur kontinuierlichen Verbesserung im Sinne eines TQM (siehe dort) nachweisen.
Die Preisträger werden von der EFQM (siehe dort) mit Unterstützung der Europäischen Union und der European Organization for Quality (EOQ) ermittelt (siehe auch unter „Excellencemodelle").

EQNet Erweiterung zu IQNet (siehe dort)

EQS European Committee for Quality System Assessment and Certification (Europäische Komitee für Qualitätssystembeurteilung und Zertifikation)

Ereignis (nicht alltägliches) Geschehen, Vorfall, Besonderheit; Übergang von einem beherrschten Zustand in einen von der Routine oder von einem beherrschten Prozess abweichenden Zustand
z. B.: qualitätsrelevante Ereignisse, die in den dokumentierten Lebenslauf eines Produkts (beispielsweise Teilelebenslaufkarte) eingetragen werden

Ermittlungsergebnis Aufgrund einer Durchführung eines Ermittlungsverfahrens festgestellter Merkmalswert

ERP Enterprise Resources Planning
Computerunterstütztes Planen (und meist auch Steuern) von Ressourceneinsatz für die unternehmerischen Aktivitäten

Erstmuster Erstmals unter serienmäßigen Fertigungsbedingungen entstandenes Erzeugnis. Um systematische Fehler vor Serienbeginn auszuschließen, wird das Erstmuster einer Vollprüfung unterzogen (Maß-, Werkstoff- und Funktionsprüfung).

Erstparteien-Audit spezielle Form eines Audits. Interne Audits, manchmal auch „Erstparteien-Audits" genannt, werden von oder im Namen der Organisation selbst für interne Zwecke durchgeführt und können die Grundlage

E

für die eigene Konformitätserklärung (deren Selbsterklärung) der Organisation bilden. Siehe auch „Audit" sowie „Zweitparteien-Audit" und „Drittparteien-Audit"

Erstprüfung Erste Prüfung von nachfolgenden vorgesehenen oder zugelassenen Qualitätsprüfungen

Erwartungswert Ausdruck aus der Statistik
„Bei diskreten Zufallsgrößen die Summe der Produkte aller Werte x_i der Zufallsgröße X und der zugehörigen Wahrscheinlichkeiten P_i bei kontinuierlichen Zufallsgrößen das entsprechende Integral" (DGQ-Schrift 11-04)

ESO European Standardization Organization

ETA Event Tree Analysis (Fehlerbaumanalyse, siehe dort, DIN 25 419)

ETSI European Telecommunications Standards Institute (Europäische Institut für Telekommunikationsstandards)

Evaluation Bewertende Prüfung, ob eine bestimmte Vorgehensweise die in sie gesetzten Erwartungen erfüllt (oftmals durch Dritte). Im Unterschied zur Rückkopplung (Feedback) erfolgt kein automatisches Nachregeln der betrachteten Aktivität.

EVOP Evolutionary Optimization (Evolutionsoptimierung) Verbesserung der Prozesse; in einer laufenden Fertigung werden die Parameter auf der Grundlage vorhandener Daten so geändert, dass sich eine kontinuierliche Verbesserung in Richtung Optimum ergibt

Externes Qualitätsaudit Beurteilung und Bewertung der Wirksamkeit eines externen QM-Systems, z. B. eines Lieferanten (Lieferantenaudit)
siehe auch unter „Audit"

Extremwert Kleinster oder größter Einzelwert, der in einer Untersuchung gefunden wurde.

Exzellenzmodelle „Die Ansätze für Qualitätsmanagementsysteme nach den Normen der ISO-9000-Familie und der Exzellenzmodelle für Organisationen beruhen auf gemeinsamen Prinzipien.
Beide Ansätze
1. ermöglichen es einer Organisation, ihre Stärken und Schwächen zu erkennen,
2. enthalten die Beurteilungsmöglichkeiten anhand allgemeiner Modelle,

3. stellen eine Grundlage für ständige Verbesserung bereit, und

4. enthalten Möglichkeiten zur externen Anerkennung. Der Unterschied zwischen den Ansätzen für Qualitätsmanagementsysteme der Normen der ISO-9000-Familie und den Exzellenzmodellen liegt in ihrem Anwendungsbereich. Die Normen der ISO-9000-Familie stellen Anforderungen an Qualitätsmanagementsysteme und Anleitungen zur Leistungsverbesserung bereit. Durch das Beurteilen von Qualitätsmanagementsystemen wird die Erfüllung dieser Anforderungen ermittelt. Die Exzellenzmodelle enthalten Kriterien, die eine vergleichende Beurteilung der Leistung von Organisationen ermöglichen. Diese sind auf alle Tätigkeiten und alle interessierten Parteien einer Organisation anwendbar. Bewertungskriterien in Exzellenzmodellen bieten einer Organisation eine Grundlage, ihre Leistung mit der anderer Organisationen zu vergleichen."
(DIN EN ISO 9000:2000)
Siehe auch „EFQM"

E

Fähigkeit „Eignung einer Organisation, eines Systems oder eines Prozesses zum Realisieren eines Produkts, das die Anforderungen an dieses Produkt erfüllt.
Anmerkung: Begriffe zu Prozessfähigkeit sind in ISO 3534-2 definiert." (DIN EN ISO 9000:2000)

Fault Tree Analysis Englisch für Fehlerbaumanalyse (siehe dort)

FBA Fehlerbaumanalyse (siehe dort)

FDA Federal Drug Administration; Nahrungs- und Arzneimittelbehörde in USA; entspricht in Teilen dem deutschen Gesundheitsministerium.

Fehler „Nichterfüllung einer Anforderung" (DIN EN ISO 9000:2000)

Fußnote in der deutschsprachigen Fassung der DIN EN ISO 9000:2000:
Die englischsprachige Benennung „nonconformity" wird im Deutschen auch als „Nichtkonformität" übersetzt.

siehe auch unter „Mangel"

Fehlerbaumanalyse Grafische Darstellung der logischen Zusammenhänge zwischen Fehlern und daraus entstehenden Ereignissen

Fehlergewichtung Die Bedeutung der Fehler bzw. der Fehlerfolgen kann unterschiedliche Auswirkungen haben. Eine Fehlerbewertung nach dem Kriterium der Größe bzw. Wichtigkeit der Bedeutung wird als Fehlergewichtung bezeichnet.

Fehlergrenze „Abweichungsgrenzbetrag für Messabweichungen eines Messgerätes" (DGQ-Schrift 11-04)

Fehlerklassifizierung Einteilung der Fehler in Fehlerklassen. Als Bewertungsgrundlage der Einteilung werden (potenzielle) Fehlerfolgen herangezogen.

Fehlerkosten Kosten aufgrund Nichterfüllung von Qualitätsanforderungen, z. B. Nacharbeitskosten, Ausschusskosten, Kulanzkosten, etc.

Fehlerkriterium Merkmal für die Bewertung, ob eine Nichtkonformität gegenüber definierten Vorgaben vorliegt

Fehler-Möglichkeits- und Einfluss-Analyse Formalisierte analytische Methode für die systematische und vollständige Erfassung und Untersuchung möglicher Fehler und Risiken einer betrachteten Einheit sowie die Feststellung der zu erwartenden Folgen dieser Fehler.

Instrument der Fehlerverhütung. Ziel ist es, durch geeignete Maßnahmen die potenziellen Risiken zu minimieren. Mögliche Ansätze: System-FMEA, Produkt-FMEA, Prozess-FMEA, Konstruktions-FMEA, etc.

Fehlersammelliste   Eines der sieben Qualitätswerkzeuge (siehe dort)
Strich- oder Fehlersammelliste; Mindestforderung für Auswertungen quantitativer Sachverhalte von zeitlich überschaubaren Maßnahmen. Synonym: Fehlersammelkarte Hilfsmittel zur übersichtlichen Darstellung eines Fehleraufkommens über einen bestimmten Zeitraum. Voraussetzung ist eine ausreichend große Datenanzahl. Oft Basis für weitere statistische Auswertungs- und Darstellungsverfahren. wie z. B. Kreisdiagramme, Histogramme, Paretoanalyse, etc.

Fertigungseffektivität   Betriebswirtschaftliche Kennzahl über die Effektivität von betrieblichen Abläufen; ergibt sich aus dem Quotient Bearbeitungszeit dividiert durch die Summe aus Bearbeitungszeit, Liegezeit und Transportzeit

Fertigungsgenauigkeit   Abweichung von Fertigungsergebnissen vom Sollwert, der sich aus der betreffenden Einzelforderung im Rahmen der Qualitätsforderung ergibt, welche an die Einheit gestellt ist

Fertigungslos   Produktionseinheit innerhalb eines bestimmten Zeitintervalls oder an einem bestimmten Fertigungsort oder nach einem bestimmten Fertigungsverfahren

Fertigungsunsicherheit   „Schätzbetrag für die Abweichungen der Istwerte des betrachteten quantitativen Produktmerkmals von einem Bezugswert zur Kennzeichnung des Wertebereichs, innerhalb dessen in einer betrachteten Fertigungseinrichtung bei einem ordnungsgemäß beschriebenen Betriebszustand ein Produkt gefertigt werden kann" (DGQ-Schrift 11-04)

Fischgrät-Muster   Deutscher Name für Ishikawa-Diagramm (siehe dort)

FMEA   Failure Modes and Effects Analysis; (Fehler-Möglichkeits- und Einfluss-Analyse; siehe dort)

FMEACA   Failure Modes Effects and Critical Analysis (entspricht FMEA)

FMES   Failure Modes Effects Summary (Zusammenfassung der möglichen Fehlerfolgen)

FQS   Forschungsgemeinschaft Qualitätssicherung e. V.

Freigabe „Erlaubnis, zur nächsten Stufe eines Prozesses über-
zugehen." (DIN EN ISO 9000:2000)

FTA Fault Tree Analysis; in Deutsch: Fehlerbaumanalyse
(siehe dort)

Führung Einer der acht Grundsätze des Qualitätsmanagements.

„Führungskräfte schaffen die Übereinstimmung von Zweck
und Ausrichtung der Organisation. Sie sollten das interne
Umfeld schaffen und erhalten, in dem sich Personen voll
und ganz für die Erreichung der Ziele der Organisation
einsetzen können.

Das erfolgreiche Führen und Betreiben einer Organisation
erfordert, dass sie in systematischer und klarer Weise geleitet und gelenkt wird. Ein Weg zum Erfolg kann die Einführung und Aufrechterhaltung eines Managementsystems
sein, das auf ständige Leistungsverbesserung ausgerichtet
ist, indem es die Erfordernisse aller interessierten Parteien
berücksichtigt. Eine Organisation zu leiten und zu lenken
umfasst neben anderen Managementdisziplinen auch das
Qualitätsmanagement." (DIN EN ISO 9000:2000; Einleitung)

Führungsprozess Auch: Managementprozess; siehe dort

5 A-Kampagne Deutscher Ausdruck für die japanische
5 S-Kampagne;
Konzept für Sauberkeit und Ordnung im Betrieb als Basis
für Problemlösungsarbeit;
5 A bedeuten:
1. Aussortieren unnötiger Dinge,
2. Aufräumen,
3. Arbeitsplatz sauber halten,
4. Abmachungen zur Regel machen,
5. Alle Punkte einhalten und ständig verbessern.
Bei der 5 A-Kampagne werden unterschiedliche Hilfsmittel
eingesetzt.

5 S-Kampagne Japanisch für: 5 A-Kampagne; siehe dort
(5 S: Seiri, Seiton, Seiso, Seiketsu, Shitsuke)

5 W-Technik Einfache Technik im Umfeld der Ursachen-
analyse; fünfmal wird die Frage „Warum ?" gestellt, um die
wahren Problemursachen herauszufinden

Funktionsbereich Metrologie „Funktionsbereich mit Organi-
sationsverantwortung für die Festlegung und Einführung

des metrologischen Messüberwachungssystems." (DIN EN ISO 9000:2000)
siehe auch unter „Metrologie" und „metrologisches Merkmal"

Gebrauchsnormal „Normal, das unmittelbar oder über einen oder mehrere Schritte mit einem Bezugsnormal kalibriert ist und routinemäßig benutzt wird, um Maßverkörperungen oder Messgeräte zu kalibrieren oder zu prüfen" (DGQ-Schrift 11-04)

Gebrauchstauglichkeit Auf subjektiver oder objektiver Erfahrung beruhende Einschätzung, dass ein Objekt für einen Verwendungszweck bzw. eine Anwendung geeignet ist

Gefahr Möglichkeit des Eintrittes eines negativen Ereignisses

Gefährdungshaftung Juristische Bezeichnung für die gesetzliche Pflicht zum Schadenersatz ohne die Erfordernis eines Verschuldens. Die Grundlage der Haftung liegt hierbei schon allein in dem Besitz oder dem Betrieb einer Einrichtung, die geeignet ist, anderen einen Schaden zuzufügen.

Gegenseitiger Nutzen „Lieferantenbeziehungen zum gegenseitigen Nutzen: Eine Organisation und ihre Lieferanten sind voneinander abhängig. Beziehungen zum gegenseitigen Nutzen erhöhen die Wertschöpfungsfähigkeit beider Seiten." (DIN EN ISO 9000:2000, Einleitung)
siehe auch unter „Lieferantenbeziehung"

Gemba Ausdruck der japanischen Philosophie für kontinuierliche Verbesserung (Kaizen)
Japanisch für: Ort des Geschehens;
Problemlösungen sollen da stattfinden, wo die Probleme auftauchen, z. B. am Arbeitsplatz in der Produktion

Gembutsu Ausdruck der japanischen Philosophie für kontinuierliche Verbesserung (Kaizen)
Japanisch für: Echte Dinge (das reale Teil), die bei Problemlösungen angepackt werden müssen, z. B. Produkte, Maschinen oder Material

Gemeinkosten Begriff aus der Kostenleistungsrechnung der BWL;
Gemeinkosten sind Aufwendungen, die einem Produkt oder einer zu erbringenden Dienstleistung nicht direkt zugeordnet werden können (z. B. Verwaltungskosten der Fakturierung). Gemeinkosten werden über Zuschlagssätze prozentual den Produkten bzw. Kostenstellen zugewiesen.

Gemjitsu Wahre Tatsache (echte Fakten), nicht Vermutungen; sie kann durch Datenerhebung im Problemlösungsprozess erreicht werden; z. B. Fehler- und Ausschussraten, Entwicklungen im Zeitablauf.

Genauigkeit Ausmaß der Annäherung von Ermittlungsergebnissen an den Bezugswert. Letzterer kann je nach Festlegung der wahre, richtige oder Erwartungswert sein (siehe jeweils dort).

Gerätesicherheitsgesetz Das Gesetz legt die sicherheitstechnischen Anforderungen für alle Geräte und Maschinen sowie die persönlichen Schutzausrüstungen im gewerblichen Bereich, außerdem für alle techn. Konsumgüter und Artikel für Freizeit und für im Haushalt eingesetzte Geräte fest. Mit Inkrafttreten des zweiten Gesetzes zur Änderung des GSG am 01.01.1993 ist § 24 GewO aufgehoben worden. Die Bestimmungen über überwachungsbedürftige Anlagen sind in § 11 GSG übernommen worden.

Geschäftsprozesse Alle in einem Unternehmen bzw. in einer Organisationseinheit ablaufenden Prozesse, um ein Geschäft zu ermöglichen. Im engeren Sinne des Prozessmanagements umfassen Geschäftsprozesse Kernprozesse, Managementprozesse und unterstützende Prozesse eines Unternehmens (siehe unter Managementprozesse, Kernprozesse, Unterstützungsprozesse).

Gewichteter Mittelwert „Summe der Produkte aus den Istwerten und ihrem Gewicht dividiert durch die Summe der Gewichte, wobei das Gewicht eine jedem Istwert zugeordnete, nicht negative Zahl ist" (DGQ-Schrift 11-04)

Gezielte Probenahme Eine geplante und zielgerichtete Entnahme von Proben aus einer Einheit

GLP Good Laboratory Practices (Gute Laborpraxis), Ausdruck ursprünglich aus der Pharmaindustrie
Forderungskatalog für die Vorgehensweisen ähnlich eines Qualitätsmanagementsystems in Laboratorien

GMP Good Manufacturing Practices (Gute Fertigungspraxis), Ausdruck, der insbesondere von der FDA (siehe dort) von Herstellern von Medizinprodukten und medizinischen Gerätschaften gefordert wird.

Grenzabweichung Es wird unterschieden in untere und obere Grenzabweichung.
Untere: Mindestwert minus Bezugswert
Obere: Höchstwert minus Bezugswert
(in Anlehnung an DGQ-Schrift 1.9.5.9/10)

Grenzbetrag „Betrag für Mindest- und Höchstwert, wenn

sich beide nur durch das Vorzeichen unterscheiden"
(DGQ-Schrift 11-04)

Grenzkosten Ausdruck aus der Betriebswirtschaft in der
Kostenleistungsrechnung;
Zusätzliche Kosten zu den Gesamtkosten, die aufgewendet
werden müssen, um die Produktion um eine Einheit aus-
zudehnen, d. h. der Zuwachs der Kosten, der durch die
Produktion der jeweils letzten Ausbringungseinheit verursacht wird.

Grenzmuster „Muster, das den Grenzwert eines Qualitäts-
merkmals verkörpert"
(DGQ-Schrift 11-04)

Grenzrisiko „Größtes noch vertretbares Risiko eines technischen Zustandes, Ereignisses oder Vorgangs" (DGQ-Schrift
11-04)

Grenzwert Mindest- bzw. Höchstwert; kleinster bzw. größter
zugelassener Wert

Grenzwertabstand Istwert minus Mindestwert bzw. Höchstwert minus Istwert

Grundgesamtheit Ausdruck aus der Statistik;
Gesamtheit aller in Betracht gezogenen Einheiten

Grundsätze des Qualitätsmanagements „Es wurden acht
Grundsätze des Qualitätsmanagements aufgestellt, die von
der obersten Leitung benutzt werden können, um die
Leistungsfähigkeit der Organisation zu verbessern. Die
acht Grundsätze sind:
Kundenorientierung, Führung, Einbeziehung der Personen,
prozessorientierter Ansatz, systemorientierter Managementansatz, ständige Verbesserung, sachbezogener Ansatz
zur Entscheidungsfindung, Lieferantenbeziehungen zum
gegenseitigen Nutzen.
Diese acht Grundsätze des Qualitätsmanagements bilden
die Grundlage für die Normen zu Qualitätsmanagementsystemen in der ISO-9000-Familie." (nach DIN EN ISO
9000:2000, Einleitung)

GS Geprüfte Sicherheit
Zeichen für produktspezifische Prüfung durch unabhän-
gige Gesellschaft gegenüber gesetzlichen und anderen
Forderungen (z. B. TÜV Product Service)

GSG Gerätesicherheitsgesetz (siehe dort)

HACCP Hazard Analysis and Critical Control Point Managementsystem für die Gefahrenanalyse und Kontrolle kritischer Punkte insbesondere in der Lebensmittelbranche.

Haltepunkt „In einem geeigneten Dokument festgelegter Punkt, über den hinaus eine Tätigkeit ohne die Genehmigung einer bezeichneten Organisation oder eines Befugnisinhabers nicht fortschreiten darf." (DGQ-Schrift 11-04) Ausdruck einiger Zertifizierungsgesellschaften für eine Nichtkonformität gegenüber der Norm DIN EN ISO 9001, die zu einer Zurückhaltung der Zertifikaterteilung führt (entspricht bei anderen Zertifizierungsgesellschaften der (kritischen) Abweichung).

HAR Auf Basis der CENELEC (siehe dort) „harmonisiertes Gütebestätigungssystem" für den Bereich Kabel und Leitungen. Zusätzlich zum nationalen Prüfzeichen kann die Buchstabenfolge HAR am Produkt angebracht werden.

Hardware „Ergebnis eines Prozesses. ...
Hardware ist üblicherweise materiell, wobei ihre Menge ein zählbares Merkmal darstellt, ...
Hardware und verfahrenstechnische Produkte werden häufig als Waren bezeichnet" (DIN EN ISO 9000:2000) siehe auch „Produkt"

Häufigkeit „Anzahl der Einzellistwerte in einer vorgegebenen Klasse dividiert durch die Gesamtzahl der Einzellistwerte" (DGQ-Schrift 11-04)

Häufigkeitsverteilung Ausdruck aus der Statistik; Verteilung von Istwerten; Darstellungen von Stichprobenergebnissen als Häufigkeitsdichte

Hauptprozess Begriff für die Dimension des ersten Abstraktionsgrades eines Prozesses in vertikaler Richtung; ein Hauptprozess beschreibt die übergeordnete Abfolge der einzelnen, darunter stattfindenden Teilprozesse (siehe dort). Unterschieden werden muss die Einteilung der Haupt- bzw. Teilprozesse von den Prozessarten (z. B. Management-, Kern-, Unterstützungsprozesse; siehe jeweils dort), die eine horizontale Einteilung ermöglichen: Ein Hauptprozess kann von jeder beliebigen Art sein (z. B. Zielvereinbarungsprozess als Hauptprozess eines Managementprozesses; Auftragsabwicklungsprozess als Hauptprozess eines Kernprozesses, etc.)

H

Heijunka-Prinzip Japanischer Ausdruck für: Glättung der
Arbeitsverteilung im Zeitablauf

HGB Handelsgesetzbuch

Histogramm Eines der sieben Qualitätswerkzeuge (siehe dort)
(Q 7). Balkendiagramm, das die Häufigkeitsverteilung eines
kontinuierlichen Merkmals graphisch darstellt. Die
Flächen werden gebildet von den Fehlerklassen entlang
der X-Achse und der Häufigkeit des vorkommenden Wertes, aufgetragen an der Y-Achse

Hoshin-Prozess Auch: Management by Policy (siehe dort)
(MbP); Art eines Zielvereinbarungsprozesses nach seinem
Erfinder Hoshin

House of Quality Anderer Ausdruck für QFD (siehe dort)

100 Prozent-Prüfung Qualitätsprüfung (eines oder mehrerer
Merkmale) an allen Einheiten eines Prüfloses

Hyperlink Ausdruck aus dem Bereich der Software;
Elektronischer Verweis bzw. Verbindung von einem Doku-
ment oder einer Stelle eines Dokuments auf ein anderes
Dokument bzw. Stelle eines Dokuments;
Findet im Zusammenhang mit der elektronischen Darstel-
lungsweise der Managementdokumentation zunehmend
Anwendung

IAF International Accreditation Forum
Zusammenschluss der Akkreditierungskörperschaften
weltweit
Deutschland ist vertreten durch die TGA (siehe dort)

IAQ International Academy for Quality
Verbund aus weltweiten Spezialisten in Fragen des
Qualitätsmanagements. Die Annahme der Mitgliedschaft
beinhaltet die Verpflichtung einer aktiven Beteiligung der
Fortentwicklung der Qualitätslehre

IATF International Automotive Task Force
Institution/Einrichtung, die im Zusammenhang mit der
Weiterentwicklung und vor allem Klärung von Interpreta-
tionen der QS-9000 und des VDA 6.1 zu nennen ist. Die
IATF ist in der inhaltlichen Harmonisierung der QS-9000
und des VDA 6.1 tätig (Harmonisierungsdokument
TS 16 949, siehe dort).

ICC International Chamber of Commerce,
Internationale Handelskammern

IEC International Electrotechnical Commisson
Branchenübergreifende und international anerkannte
Organisation für Normierung im elektrotechnischen und
Software-Bereich

IMS Integriertes Managementsystem; siehe dort

Inaugenscheinnahme „Prüfung, Inspektion*
Konformitätsbewertung, durch Beobachten und Beurteilen,
soweit zutreffend durch Messen, Testen oder Vergleichen
begleitet." (DIN EN ISO 9000:2000)
*Fußnote: „inspection", unterschiedliche Übersetzung aus
dem Englischen:
mit Inspektion,
mit Konformitätsprüfung,
mit Kontrolle,
mit Prüfung (Sichtprüfung, Überprüfung),
mit Überwachung,
mit Inaugenscheinnahme

Information „Daten mit Bedeutung." (DIN EN ISO
9000:2000)
Information bedeutet die inhaltliche Komponente eines
Dokuments, elektronischer Daten, einer mündlichen Botschaft, etc., ohne eine bewertende Aussage durch einen
Dritten. Information ist nicht zu verwechseln mit Kommunikation (siehe dort).

Informationsmanagement Managementsystem (meist EDV-unterstützt) für das Sammeln, Analysieren, Aufbereiten und Verteilen von Informationen.

Infrastruktur „System von Einrichtungen, Ausrüstungen und Dienstleistungen, das für den Betrieb einer Organisation erforderlich ist." (DIN EN ISO 9000:2000)

Inspektion „Konformitätsbewertung durch Beobachten und Beurteilen, soweit zutreffend durch Messen, Testen oder Vergleichen begleitet." (DIN EN ISO 9000:2000) siehe auch unter „Inaugenscheinnahme"

Instandhaltung Maßnahmen, um die Gegenstände des Anlage- und Umlaufvermögens eines Unternehmens in betriebsbereitem Zustand zu halten; etwas in Ordnung, funktionstüchtig halten; setzt sich zusammen aus Wartung und Instandsetzung (siehe dort)

Instandsetzung Vorgang/Reparatur; um eine Anlage, Maschine, etc. wieder in funktionstüchtigen Zustand zu versetzen

Integriertes Managementsystem Umfassendes Managementsystem zum Planen, Steuern und Bewerten der Aufbau- und Ablauforganisation (einschließlich der notwendigen Ressourcen wie finanzielle Mittel, Personal, Infrastruktur, Equipment, ...) von Unternehmen und Organisationen. Die Betrachtungen umfassen mindestens die Aspekte Qualität und Umwelt, häufig auch Arbeitssicherheit. In immer mehr Unternehmen und Organisationen beinhaltet ein integriertes Managementsystem alle Gesichtspunkte, die für das Führen und Managen eines Unternehmens oder einer Organisation eine Rolle spielen wie z. B. Finanzen, Strategien, Qualität, Umwelt, Arbeitssicherheit, Personalentwicklung, usw.
In der Praxis finden sich derzeit häufig integrierte Managementsysteme, die die Forderungen aus den Normen DIN EN ISO 9001 (Qualitätsmanagement) und DIN EN ISO 14001 oder EMAS erfüllen. Immer mehr finden die Forderungen von Arbeitssicherheitsregelwerken wie OHRIS, SCC oder dem British Standard 8800 als dritten Aspekt Eingang.

Interessenspartner „Eine Einzelperson oder eine Gruppe von Personen mit gemeinsamem Interesse an der Leistung der Organisation eines Lieferanten und an der Umwelt, in der sie arbeitet." (DGQ-Schrift 11-04)

interessierte Partei „Person oder Gruppe mit einem Interesse

an der Leistung oder dem Erfolg einer Organisation.
Beispiel: Kunden, Eigentümer, Personen in einer Organisation, Lieferanten, Bankiers, Vereinigungen, Partner oder die Gesellschaft.
Anmerkung: Eine Gruppe kann aus einer Organisation, einem Teil davon oder aus mehreren Organisationen bestehen." (DIN EN ISO 9000:2000)

Interner Qualitätsbericht Regelmäßige Zusammenfassung von qualitätsrelevanten Abläufen und Verfahren in Form von Qualitätsaufzeichnungen;
Gewinnt immer mehr an Bedeutung im Gesundheitswesen.
Z. B. fertigen Krankenhäuser insbesondere aufgrund der Gesundheitsreform zunehmend Qualitätsberichte nach dem EFQM-Modell, der ISO 9000 oder dem KTQ-Modell (siehe dort) an.

Internes Qualitätsaudit „Auf Veranlassung der Leitung der Organisation durchgeführtes Qualitätsaudit" (DGQ-Schrift 11-04)
Audit, das innerhalb einer Organisation von einem Mitglied der Organisation oder einem beauftragten Externen durchgeführt wird; Zielsetzungen, Umfang und Durchführungsart können unterschiedlich sein.

IPC 1. Integrated Process Control (Integrierte Prozess-Regelung)
2. In-Process Control (Regelung des Prozesses während des Ablaufs)

IQ Integrierte Qualitätssicherung

IQNet International Network for Quality System Assessment and Certification (Internationales Netzwerk für Qualitätssystembeurteilung und Zertifikation)
In diesem Netzwerk kooperieren Zertifizierungsgesellschaften weltweit. Sie bieten eine koordinierte Zertifizierung insbesondere für weltweit tätige Unternehmen und erkennen Zertifikate gegenseitig an.

Irrtumswahrscheinlichkeit Intervall, das nicht im Vertrauensbereich liegt. Eine Verkleinerung der Irrtumswahrscheinlichkeit bedeutet eine Vergrößerung des Vertrauensbereichs.

Ishikawa-Diagramm Eines der sieben Qualitätswerkzeuge (siehe dort) (Q 7)

Problemlösungswerkzeug; zerlegt ein Problem bzw. eine
gegebene Wirkung grafisch in seine potenziellen und
bekannten Ursachen, die in Haupt- und Nebenursachen
unterteilt werden; häufigste Anwendung findet die Unter-
gliederung in Mensch, Maschine, Methode, Material,
Mitwelt (5-M-Methode).

ISO   International Organization for Standardization
Die Mitgliedstaaten sind durch entsprechende Ausschüsse
der Normeninstitute vertreten (z. B. Deutschland durch
DIN-Ausschüsse)

ISO/TC 176   Technical Committee 176 der ISO;
Technisches Komitee Nr. 176 „Qualitätsmanagement und
Qualitätssicherung" zur Erstellung und Überarbeitung von
Normen aus dem Bereich Qualitätsmanagement.
Unterteilt sich in drei Untergruppen, die sogenannten
Sub-committees:
Sub-committee SC1:
   Fundamentals and Vocabulary (ISO 9000)
Sub-committee SC2:
   Quality Management (ISO 9001/ISO 9004)
Sub-committee SC3 & TC 207/SC2: Auditing (ISO 19011)

Jidoka Japanischer Begriff aus dem Bereich der kontinuierlichen Verbesserung (Kaizen): Autonomes Denken und Handeln der Mitarbeiter

JIT Just-in-time (siehe dort)

Joint Venture Bezeichnung für eine spezielle Art des Zusammenschlusses von in der Regel zwei Unternehmen bzw. Unternehmensteilen mit gleichen Zielsetzungen zu einem Unternehmen.

JUSE Union of Japanese Scientists and Engineers (Japanische Gewerkschaft der Wissenschaftler und Ingenieure) Entwickelte systematisch nach dem 2. Weltkrieg die Qualität der japanischen Produkte und die Qualitätsmethoden weiter. Beispiel: Konzept der Qualitätszirkel

Justierung Eine Messeinrichtung so einstellen oder abgleichen, dass die Anzeige vom richtigen Wert innerhalb von definierten Fehlergrenzen bleibt; man beseitigt systematische Fehler im Gegensatz zur Kalibrierung (siehe dort), bei der eine Feststellung der systematischen Messabweichung erfolgt

„Beseitigen systematischer Messabweichungen durch verändernden Eingriff in das Messgerät, soweit für dessen vorgesehene Anwendung erforderlich" (DGQ-Schrift 11-04)

Just-in-time Form der Lagerverwaltung, die die Menge der gelagerten Produkte durch genaue Zeitplanung der Anlieferung von Produkten für die Fertigung möglichst gering hält; dies ist für den Unternehmer zwar kostengünstig (spart Lagerräume), kann aber auch eine höhere Verkehrsleistung nach sich ziehen.

Das Grundprinzip von Just-in-time ist, keine Lagerbestände führen zu müssen, da nur soviel produziert wird, wie im Fertigungsprozess zu diesem Zeitpunkt gebraucht wird.

J

Kaizen Japanische Philosophie für: Kontinuierlicher Verbesserungsprozess, d. h. permanenter Prozess der Verbesserung durch alle Mitarbeiter im Unternehmen in kleinen Schritten
Kai bedeutet: Veränderung
Zen bedeutet: gut, zum Besseren

Kalibrierung Ermittlung der systematischen Messabweichung einer Messeinrichtung ohne deren Veränderung; Feststellung der Wechselwirkung zwischen Eingangsgröße und Ausgangsgröße; bei benannten Skalen wird durch das Kalibrieren die Messabweichung der Anzeige eines Messgeräts als Differenz zwischen Istanzeige und Sollanzeige bestimmt.

Kanban Abgeänderte Form des Just-in-time-Prinzips (siehe dort);
Japanische Bezeichnung für eine spezielle Form der Nachschuborganisation. Im Fertigungsprozess benötigte Güter werden erst im Gebrauchsfall zugestellt bzw. zugeliefert und verrechnet. Oftmalig werden so genannte Kanbankarten als visualisierendes Mittel zur Überwachung und bedarfsorientierten Lenkung benutzt, z. B.: Herabnahme von Laufkarten auf einer farbig hinterlegten Wand (grün, gelb, rot) im Bereitstellungslager, die den aktuellen Füllstand eines eigenproduzierten Gutes wiederspiegelt. Bei Abnahme der Laufkarten im gelben Bereich wird Nachproduktion vobereitet und eingeplant, bei Erreichen des roten Bereichs beginnt spätestens Nachproduktion.

Kaskadenprozess Systematisches „Zerlegen" von Zielen, Aufgaben etc. auf vertikaler (Hierarchie) und horizontaler (Abteilungen) Ebene

Kennzahl Quantitativer (zählbarer) Parameter
Die DGQ-Schrift 11-04 definiert die Kennzahl als Kennwert „Funktion der Istwerte, die ein spezielles Merkmal-Häufigkeitsverteilung kennzeichnet"

Kennzahlensystem Nach bestimmten Kriterien strukturiertes System von Kennzahlen, um das Management von entsprechenden Tätigkeiten zu ermöglichen. Für das System sind unter anderem folgende Aspekte zu berücksichtigen:
• Bezug zur Strategie und Zielsetzung
• Bezug zur Tätigkeit

K

- Menge
- Kaskadierung
- Auswahl (z. B. „hard-facts; soft-facts"; Früh-, Spätindikator)

Es existieren unterschiedliche Kennzahlensysteme:
Rein monetär betriebswirtschaftliche Kennzahlensysteme wie z. B. das DuPont-System.
Übergreifende Kennzahlensysteme, die nicht nur monetär ausgerichtete Kennzahlen aufweisen (z. B. Mitarbeiterkennzahlen, etc.) wie z. B. Balanced Scorecard, siehe dort.
Beispiele für Produkt- und Prozesskennzahlen: Fehlerquote, Reklamationsquote, Durchlaufzeiten, Lagerbestände, Stillstandszeiten, Materialabfall, Ausbeute etc. Kennzahlen dienen zur Unterstützung des Managements von Organisationen und Prozessen, ersezten jedoch nicht die Führungsqualität.

Kernprozesse Name für eine mögliche Prozessart. Kernprozesse leiten sich aus den definierten Kerngeschäften des Unternehmens ab. Folgende Aspekte zeichnen sie in der Regel aus:
- Wertschöpfung,
- der externe Kunde steht am Anfang und am Ende des Prozesses,
- wesentlicher Beitrag zur Kundenzufriedenheit und zum Unternehmenserfolg,
- direkter Kundenbezug bzw. direkte Kundenauswirkung,
- Bereitschaft des Kunden, für den Output des Prozesses zu bezahlen.
- hoher Know-how-Bedarf

Beispiele: Auftragsabwicklung einschließlich Fertigung in einem kleinen Unternehmen; Beratungsprozess bei einem Beratungsunternehmen; Anlageninstallation bei einem Anlagenbauer, Pflegedienst in einem Krankenhaus, etc.

Key Account Management Managementverfahren im Vertriebsbereich;
Konzentration der Vertriebstätigkeiten, insbesondere des Kundenbeziehungsmanagements, auf die umsatzstärksten Kunden.

Klasse Teilbereich von Merkmalswerten

Klassenbildung Aufteilung des Wertebereichs eines Merkmals in Teilbereiche (Klassen), in die die Werte zugeordnet werden

Knowledge Management Englisch für: Wissensmanagement (siehe dort)

Kommunikation Austausch von Informationen, wobei berücksichtigt werden muss, dass derjenige, der eine Information weitergibt und derjenige, der die Information aufnimmt, den gleichen Inhalt gleich verstehen.
Unterschied zur Information, bei der nur Informationen weitergegeben werden, ohne zu gewährleisten, dass der Inhalt der Information richtig verstanden wird.

Konfiguration Zusammensetzung, d. h. Positionierung und Anordnung von Teilen eines Objekts

Konfigurationsmanagement Alle Steuerungstätigkeiten zur Sicherstellung, dass die eindeutige Rückverfolgbarkeit der einzelnen Stufen der Weiterentwicklung eines Produkts zweifelsfrei gewährleistet wird.

Konformität „Erfüllung einer Anforderung".
Anmerkung1: Diese Definition entspricht der im ISO/IEC Leitfaden 2, unterscheidet sich von dieser aber in der Formulierung zur Einpassung in die ISO-9000-Begriffe. Anmerkung 2: Die Benennung „conformance" stellt ein abzulehnendes Synonym dar." (DIN EN ISO 9000:2000)

Kontinuierliches Merkmal Mengenmäßiges Merkmal, das nicht gezählt werden kann, da es gegen unendlich geht

KonTraG Gesetz zur Kontrolle und Transparenz im Unternehmensbereich;
Das KonTraG selbst stellt im eigentlichen Sinne kein eigenständiges Gesetz dar. Es ist als Konstrukt zu verstehen, das sich aus zahlreichen Änderungen und Ergänzungen in verschiedenen anderen Gesetzen, insbesondere im Aktiengesetz und im Handelsgesetzbuch, ergibt. Zusammenfassend sind die Hauptbestandteile:
1. Erweiterung der Haftung von Vorstand, Aufsichtsrat und Abschlussprüfer
2. Verpflichtung zur Installation eines Risikomanagements
3. Bewertung des Risikomanagements durch den Wirtschaftsprüfer
4. Erweiterung des Unternehmenslageberichts um die Würdigung künftiger Risiken

K

5. Beurteilung der Unternehmenslage durch einen Wirtschaftsprüfer

Kontrolle Erläuterung siehe „Inspektion"

Koppelprodukte Die neben dem gewünschten Produkt zwangsläufig entstehenden weiteren Fertig- oder Halbprodukte.

Korrektur „Maßnahme zur Beseitigung eines erkannten Fehlers.
Anmerkung 1: Eine Korrektur kann im Zusammenhang mit einer Korrekturmaßnahme vorgenommen werden.
Anmerkung 2: Eine Korrektur kann z. B. Nacharbeit oder eine Neueinstufung sein." (DIN EN ISO 9000:2000)

Korrekturmaßnahme „Maßnahme zur Beseitigung der Ursache eines erkannten Fehlers oder einer anderen, erkannten, unerwünschten Situation.
Anmerkung 1: Ein Fehler kann mehrere Ursachen haben.
Anmerkung 2: Eine Korrekturmaßnahme wird ergriffen, um das erneute Auftreten eines Fehlers zu verhindern, während eine Vorbeugungsmaßnahme (siehe dort) ergriffen wird, um das Auftreten eines Fehlers zu verhindern.
Anmerkung 3: Es besteht ein Unterschied zwischen Korrektur und Korrekturmaßnahme."
(DIN EN ISO 9000:2000)
Korrekturmaßnahme ist nicht mit Vorbeugungsmaßnahme gleichzusetzen. Während Korrekturmaßnahmen irgendwelche nicht gewünschten Ereignisse im Vorfeld der Maßnahme als Ursache aufweisen, leiten sich Vorbeugungsmaßnahmen aus potenziellen Fehlern bzw. Möglichkeiten ab, d. h. in der Realität sind die entsprechenden Ereignisse noch nicht eingetroffen.

Korrelationsdiagramm Eines der sieben Qualitätswerkzeuge (siehe dort) (Q 7)
Qualitätswerkzeug für numerische Daten; dient der grafischen Ermittlung ob und in wie weit zwei Merkmale in einer gewissen Abhängigkeit zueinander stehen. Die ermittelten Datenpaare werden in einem x-y-Achsendiagramm als Datenpunkte eingetragen. Aus der Form der Anordnung der Punkteinträge lässt sich auf das Vorhandensein oder Nicht-Vorhandensein einer Wechselbeziehung (Korrelation) rückschließen. Korrelationsarten: fehlende, positive oder negative Korrelationen. Verfahren ist mittels

statistischer Berechnungsansätze weiter spezifizierbar (Regressions- und Korrelationsanalyse).

Kostenleistungsrechnung Betriebliche Erfolgsrechnung in einem Unternehmen; d. h. „welche Leistung erbrachte der Betrieb, nachdem welche Kosten aufgebraucht worden sind ?";
berechnet den Erfolg eines Betriebes in einem Unternehmen, der ausschließlich durch die Wertschöpfung bzw. Wertvernichtung im Betrieb entstanden ist.
Gesamtunternehmensaspekte wie steuerliche Vorgänge, betriebsunabhängige Immobilienan-, verkäufe, etc. werden darin nicht berücksichtigt.
Klassische Grundformen der Kostenleistungsrechnung sind:
- Kostenartenrechnung
- Kostenstellenrechnung
- Kostenträgerrechnung

Weitere Formen sind:
- Deckungsbeitragsrechnung
- Prozesskostenrechnung (siehe dort)

Kritischer Fehler „Fehler, bei dessen Entstehung für die betroffene Umgebung kritische Folgen wirksam werden können" (DGQ-Schrift 11-04)

K 7 Sieben Kreativitätswerkzeuge (siehe dort)

KTQ Kooperation für Transparenz und Qualität im Krankenhaus.

Die Kooperation besteht aus Vertragspartnern: Verband der Angestellten-Krankenkassen/Arbeiter-Ersatzkassen-Verband (VdAK/AEV), der Bundesärztekammer (BÄK) und der Deutschen Krankenhausgesellschaft (DKG).
KTQ steht für einen Katalog, in dem Kriterien für die Leistungsmessung eines Qualitätsmanagements im Krankenhaus ausgewiesen sind.
Die Kriterien beziehen sich insbesondere auf die Qualität von Strukturen und Prozessen des Krankenhauses allgemein sowie auf die Qualität der fachabteilungsbezogenen Ergebnisse. Der Katalog dient zur Selbstbewertung und als Grundlage für eine Zertifizierung nach dem Zertifizierungskonzept KTQ.
Derzeitiger Status: Durch das Bundesministerium für Gesundheit gefördertes Projekt „Machbarkeitskonzept zur

Zertifizierung von Krankenhäusern" unter Mitwirkung der Arbeitsgemeinschaft der wissenschaftlichen medizinischen Fachgesellschaften (AWMF), des Deutschen Pflegerats (DPR) und Vertretern der Konfessionellen Krankenhäuser (proCum Cert GmbH). Verfahren ist in der Pilotphase. Für Ende 2001 geplante Überführung in den Routinebetrieb. Unterlagen bestehend aus dem KTQ®-Manual inkl. dem KTQ®-Katalog Version 3.0 für den Einsatz in der Pilotphase. Inhalte: Strukturerhebungsbogen und Kriterienkatalog (untergliedert in 1. Patientenorientierung in der Krankenversorgung, 2. Sicherstellung der Mitarbeiterorientierung, 3. Sicherheit im Krankenhaus, 4. Informationswesen, 5. Krankenhausführung, 6. Qualitätsmanagement)

Kuchendiagramm Grafisches Auswerteverfahren; auch Kreisdarstellung genannt

Kunde „Organisation oder Person, die ein Produkt empfängt"
Beispiel: Verbraucher, Klient, Endanwender, Einzelhändler, Nutznießer und Käufer.
Anmerkung: Ein Kunde kann der Organisation angehören oder ein Außenstehender sein." (DIN EN ISO 9000:2000)
Das Objekt Kunde hängt eng mit den (beabsichtigten) Funktionen eines Produkts/Dienstleistung zusammen. So sind die Großhändler bei einem Waschmaschinenhersteller die direkten Kunden. Aber auch die Endverbraucher, d. h. diejenigen, die Waschmaschinen bei dem Großhändler kaufen, sind als Kunden des Waschmaschinenherstellers zu sehen.
Zu unterscheiden ist weiterhin zwischen dem bedienten Markt und dem potenziellen Kunden.

Kundenanforderung Gesamtheit der Produktspezifikationen als Ausdruck der vom Kunden an das Produkt (die Dienstleistung) gestellten Erwartungen und Erfordernisse.
Kundenanforderungen können, vom Kunden selbst vorgegeben oder im Unternehmen ermittelt, vertraglich festgelegt werden.

Kundendienst Dienstleistung eines Lieferanten gegenüber seinem Kunden bzw. Auftraggeber mit dem Ziel, dass diesem sein Angebotsprodukt während der ganzen Produkt-Lebensdauer den geforderten oder erwarteten Nutzen bringt.

Kundenorientierung „Organisationen hängen von ihren
Kunden ab und sollten daher gegenwärtige und zukünftige
Erfordernisse der Kunden verstehen, deren Anforderungen
erfüllen und danach streben, deren Erwartungen zu über-
treffen." (DIN EN ISO 9000:2000)
Einer der acht Grundsätze des Qualitätsmanagements,
Grundlage für die Normen zu Qualitätsmanagementsyste-
men in der ISO-9000-Familie, die von der obersten Leitung
benutzt werden können, um die Leistungsfähigkeit der
Organisation zu verbessern.

Kunden-Rückinformation „Weitergabe von Ergebnissen aus
Produktverhaltensprüfungen durch den Kunden bzw. den
Auftraggeber an den Lieferanten des Angebotsprodukts"
(DGQ-Schrift 11-04)

Kundenzufriedenheit „Wahrnehmung des Kunden zu dem
Grad, in dem die Anforderungen des Kunden erfüllt
worden sind
Anmerkung 1: Beschwerden des Kunden sind ein üblicher
Indikator für Kundenunzufriedenheit, doch bedeutet ihr
Fehlen nicht notwendigerweise hohe Kundenzufriedenheit.
Anmerkung 2: Selbst wenn Kundenanforderungen mit dem
Kunden vereinbart und erfüllt worden sind, bedeutet dies
nicht notwendigerweise, dass die Kundenzufriedenheit
damit sichergestellt ist." (DIN EN ISO 9000:2000)
Aussagen über Kundenzufriedenheiten können grundsätzlich auf zwei verschiedenen Arten gewonnen werden:
1. Direkte Messmethoden wie Fragebogenaktionen, Inter-
views, ...
2. Indirekte Methoden mit Hilfe von Indikatoren wie
Absatz, Reklamationsquoten, Dauer der Geschäfts-
beziehungen, Anteil der Stammkundschaft, etc.

KVP Kontinuierlicher Verbesserungsprozess
1. Insbesondere in der Automobilindustrie Ausdruck für
eine bestimmte Vorgehensweise, ähnlich der Methode
der Qualitätszirkel, um Verbesserungsmaßnahmen
einzuleiten.
2. Der KVP kann jedoch auch als Zusammenfassung aller
Prozesse verstanden werden, die in einem Unternehmen
zur kontinuierlichen Verbesserung beitragen wie z. B.
Auditwesen, Qualitätszirkel, Reklamationsmanagement,

K

Betriebliches Vorschlagswesen. Hierbei ist die systematische Planung und Steuerung des gesamten Prozesses zu berücksichtigen.

KVP² Ausdruck für KVP-Aktivitäten bei VW Anfang bis Mitte der 90er-Jahre (eingeführt von Lopez); steht für die Notwendigkeit, außergewöhnliche KVP-Leistungen in deutschen Werken einzuführen, um den japanischen Vorsprung einholen zu können (Ansatz: Quantensprung durch KVP + Kaizen = KVP²)

Langzeitbetriebsverhalten Darlegung und Spezifikation eines Produkts, eines Systems oder einer Anlage, das durch Zuverlässigkeits-, Instandhaltungs- und Sicherheitskenngrößen bestimmt ist. Diese sind Bestandteil eines Entwicklungs- und System-Engineering-Prozesses mit Zuverlässigkeits-, Instandhaltungs- und Sicherheitskenngrößen und Life Cycle Costs (Lebenszykluskosten; siehe dort)

Lastenheft Darlegung der Qualitätsforderung in einer bestimmten Konkretisierungsstufe. Diese dient als Basis für die Entwicklung zur Beschreibung der Qualitätsforderungen der letzten Konkretisierungsstufe vor der Realisierung als Realisierungsspezifikation.

Das Lastenheft beinhaltet mindestens:
Anforderungen der Kunden, Marktsegmentierung, Leistungsdaten, Normen und sonstige Vorgaben, Einsatzbereich, Einsatzbedingungen

LCC Life Cycle Costs (siehe dort)

LCP Lean Cost Planning; (Minimalkostenplanung); Konzept aus der Kostentheorie der BWL; LCP hat die Aufgabe, aus der Anzahl aller technisch effizienten Produktionsfaktorkombinationen die kostengünstigste zu ermitteln.

Lean Management Managementkonzept, das ursprünglich aus Japan kommend Anfang der 90er-Jahre in den USA, später in Europa, übernommen wurde; Gestaltung der Hierarchien als Schlüssel neuen Führens für nachhaltige Ergebnisverbesserungen; das Konzept des Lean Managements kann gegliedert werden in:

1. Fabrikbetrieb/Ort der Dienstleistungserbringung
Die Übertragung des Maximums an Aufgaben und Verantwortlichkeit auf die Arbeiter, die tatsächliche Wertschöpfung betreiben
Die Installation eines Fehlerentdeckungssystems, welches jeden entdeckten Fehler schnell auf seine eigentliche Ursache zurückführt

2. Produktentwicklung
Die Verantwortlichkeit für ein Projekt beschränkt sich auf einen Hauptverantwortlichen, der ein kleines, interdisziplinäres Koordinationsteam managt. Abteilungen spielen, wenn überhaupt, eine untergeordnete Rolle. Die Kommunikation wird systematisch als Prozess und

65

Voraussetzung für konfliktfreies und ressourcenschonendes Arbeiten verstanden und betrieben.
Simultane Entwicklung ist selbstverständlich.
3. Koordination der Zulieferkette
Frühzeitige und geeignete Auswahl von Lieferanten aufgrund von früheren Beziehungen und bewiesener Leistungsfähigkeit (Systemlieferanten)
4. Umgang mit Kunden
Die ständige und direkte Kommunikation mit dem Kunden
5. Management des schlanken Unternehmens
Das Führen von Organisationseinheiten mit dem Verständnis, dass die Mitarbeiter vor Ort die Wertschöpfung betreiben und das Management eine Unterstützungsfunktion für das Unternehmen ist.

Lebenszykluskosten Alle Kosten, die im Laufe der Lebensdauer eines Produkts bzw. einer Dienstleistung von der Entwicklung über die Produktion und spätere Anwendung bis hin zur Entsorgung anfallen. Die Kosten umfassen demnach:
1. Investitionskosten
2. Jährliche Betriebskosten mal Anzahl Nutzungsjahre
3. Jährliche Instandhaltungskosten mal Anzahl Nutzungsjahre
4. Entsorgungskosten

Lieferant „Organisation oder Person, die ein Produkt bereitstellt.
Beispiel: Hersteller, Vertriebseinrichtung, Einzelhändler, Verkäufer eines Produkts oder Erbringer einer Dienstleistung oder Bereitsteller von Informationen.
Anmerkung 1: Ein Lieferant kann der Organisation angehören oder ein Außenstehender sein.
Anmerkung 2: In einer Vertragssituation wird ein Lieferant manchmal als „Auftragnehmer" bezeichnet." (DIN EN ISO 9000:2000)

Fußnote: in der deutschsprachigen Fassung der DIN EN ISO 9000:2000:
In EN 45011:1998 und EN 45014:1998 ist „supplier" mit „Anbieter" übersetzt.

Lieferantenbeurteilung Gebräuchlicher Ausdruck für die Beurteilung eines Lieferanten auf seine Qualitätsfähigkeit

vor Aufnahme stetiger Einkaufsbeziehungen (Lieferanten-
auswahl)

Lieferantenbewertung Gebräuchlicher Ausdruck für die
wiederkehrende Beurteilung eines Lieferanten auf seine
Qualitätsfähigkeit nach Aufnahme stetiger Einkaufsbeziehungen

Lieferantenbeziehung „Lieferantenbeziehungen zum
gegenseitigen Nutzen:
Eine Organisation und ihre Lieferanten sind voneinander
abhängig. Beziehungen zum gegenseitigen Nutzen
erhöhen die Wertschöpfungsfähigkeit beider Seiten."
(DIN EN ISO 9000:2000)
Einer der acht Grundsätze des Qualitätsmanagements, die
die Grundlage für die Normen zu Qualitätsmanagementsystemen in der ISO-9000-Familie bilden.

Lieferantenmanagement Systematisches und partnerschaft-
liches Planen, Steuern und Überprüfung der Beziehungen,
Prozesse und Verfahren zwischen Auftraggeber und Auftragnehmer gemäß dem Qualitätsmanagementgrundsatz
„Lieferantenbeziehung" (siehe dort)

Lieferlos „Ein oder mehrere Lose, die zu einem Zeitpunkt als
Ganzes geliefert werden" (DGQ-Schrift 11-04)

Life Cycle Costs Englisch für: Lebenszykluskosten
(siehe dort)

LIMS Labor-Informations- und Management-System

Logistik Gesamtheit aller Aktivitäten eines Unternehmens,
welche die Anlieferung, den Zwischenwerktransport,
die Lagerung sowie die Auslieferung von Gütern
betreffen.

Los „Teilgesamtheit eines Produkts, die unter Bedingungen
entstanden ist, die als einheitlich angesehen werden"
(DGQ-Schrift 11-04)

Losumfang „Anzahl der Einheiten im Los" (DGQ-Schrift
11-04)

LQ Limiting Quality (Rückzuweisende Qualitätsgrenzlage)
Diejenige Qualitätslage (siehe dort) eines einzelnen Loses,
das bei einer Annahmestichprobenprüfung keine Annahmewahrscheinlichkeit hat.

LQM Lean Quality Management (schlankes Qualitätsmanagement)
In Anlehnung an Lean Management übernimmt das

Qualitätsmanagementsystem die Prinzipien des Lean Managements (siehe dort)

Ludwig-Erhard-Preis nach den Vorgaben des EFQM-Modells für Excellence (siehe dort) von der DGQ (siehe dort) und VDI (siehe dort) ausgelobter Deutscher Qualitätspreis. 1998 erstmals verliehen

Magisches Dreieck   Grafische Darstellung für die Wechselbeziehung zwischen Qualität, Kosten und Zeit. Im ursprünglichen Sinn enthält das magische Dreieck die Aussage, dass
keiner dieser drei Eckpunkte geändert werden kann, ohne
dass ein anderer beeinflusst wird. Diese Aussage wird in
modernen Qualitätsmanagementansätzen ersetzt durch die
Möglichkeit der gleichzeitigen Verbesserung aller drei Faktoren aufgrund bestimmter Methoden und Anwendung
verschiedener Werkzeuge.

Management   „Aufeinander abgestimmte Tätigkeiten zum
Leiten und Lenken einer Organisation.
Anmerkung: Wenn sich im Englischen die Benennung
„management" auf Personen, d. h. eine Person oder eine
Personengruppe mit Befugnis und Verantwortung für die
Führung und Lenkung einer Organisation bezieht, sollte
sie nicht ohne eine Art von Bestimmungswort verwendet
werden, um Verwechslungen mit dem oben definierten
Begriff „Management" zu vermeiden. Beispielsweise ist die
Formulierung „Das Management soll…" abzulehnen,
während „die oberste Leitung soll …" annehmbar ist."
(DIN EN ISO 9000:2000)

M

Management by Objectives   Führungsprinzip: Führen durch
Zielvereinbarung; Aufgabe und Verantwortung eines Mitarbeiters wird nach dem Ergebnis festgelegt, das von ihm er-
wartet wird. MbO-Ziele werden schwerpunktmäßig in vertikaler Richtung vereinbart.

Management by Policy   Bezeichnung für eine Methode des
unternehmensweiten Zielvereinbarungsprozesses. Die
Zielvereinbarung wird in einem systematischen Kaskadie-
rungs-(Abstimmungs-)Prozess und im Rahmen einer
gleichzeitigen vertikalen und horizontalen Zielvereinbarung durchgeführt. Der prinzipielle Ablauf wird über die
Kaskade M O S T (Mission, Objectives, Strategies,Tactics) gesteuert. MbP stellt damit sicher, dass alle Mitarbeiter des
Unternehmens auf die gleiche Vision und die gleichen
Ziele fokussiert werden.
Er sieht zunächst vor, das Top-Management zu begeistern,
welches dann gemeinsam die drei- bis fünfjährigen Durchbruchziele – max. 5 Ziele – entwickelt und festlegt.
Die zweite Phase beginnt mit der Ableitung und Entwicklung von Bereichs-, Abteilungs- und Gruppen-Zielen.

Danach erfolgt die Ziel-Umsetzung in den jeweiligen Funktionsbereichen. Die Implementierung und Umsetzung wird begleitet durch monatliche Zwischenreviews, in denen sowohl die Zwischenergebnisse als auch deren Richtigkeit in Meetings überprüft werden. Der Regelkreis des MbP wird mit dem Review abgeschlossen. In diesem rollierenden Prozess wird die Gültigkeit der Durchbruchziele überprüft und gegebenenfalls modifiziert

Management-Handbuch Übergreifendes „Klammer-"Dokument in unterschiedlichster Form als Zusammenfassung der Management-Dokumentation. Die Art, Ausprägung und Detaillierungstiefe der Beschreibung hängt vom jeweiligen Zweck ab (kundenorientiert, mitarbeiter-orientiert, ...).

Das Handbuch kann lediglich Verweise auf alle einzelne Dokumente wie Organigramme, Verfahrensbeschreibungen, etc. beinhalten oder es fasst in einer knappen, verständlichen Form die gesamte Struktur und die entsprechenden Abläufe des Unternehmens explizit zusammen.

Der Anwendungszweck reicht vom Marketinginstrument in Papierform bis hin zu dem ausschließlich internen Gebrauch mit Hilfe des Intranets.

Managementprozesse Name für eine mögliche Prozessart. Managementprozesse leiten sich aus den übergeordneten Aufgaben der Unternehmensführung ab. Folgende Aspekte zeichnen sie in der Regel aus:
1. Output betrifft strategische Ausrichtung des Unternehmens,
2. Koordiniert andere (operative) Prozesse,
3. Hat strategische Entscheidungskomponenten zum Inhalt,
4. Hat internen Kundenbezug

Beispiele: Zielvereinbarungsprozess, Personalentwicklungsprozess, Unternehmensplanungsprozess, Auditorganisation, etc.

Management-Review Tätigkeit zur Ermittlung der Eignung, Angemessenheit und Wirksamkeit des betrachteten Managementsystems, festgelegte Ziele zu erreichen. Meistens verbunden mit sofortiger Festlegung der Maßnahmen.

(Dabei müssen verschiedene Aspekte betrachtet werden, wie z. B. Ressourcen, Prozesse, Verfahren, ...)

Managementsystem „System zum Festlegen von Politik und Zielen sowie zum Erreichen dieser Ziele.
Anmerkung: Das Managementsystem einer Organisation kann verschiedene Managementsysteme einschließen, z. B. ein Qualitätsmanagementsystem, ein Finanzmanagementsystem oder ein Umweltmanagementsystem." (DIN EN ISO 9000:2000)
Siehe auch unter „Qualitätsmanagementsystem", „Umweltmanagementsystem" und „Integriertes Managementsystem"

Mangel „Nichterfüllung einer Anforderung in Bezug auf einen beabsichtigten oder festgelegten Gebrauch.
Anmerkung 1: Die Unterscheidung zwischen den Benennungen „Mangel" und „Fehler" ist wegen ihrer rechtlichen Bedeutung, insbesondere in Bezug auf Fragen der Produkthaftung, wichtig. Die Benennung „Mangel" sollte daher mit äußerster Vorsicht verwendet werden.
Anmerkung 2: Der vom Kunden beabsichtigte Gebrauch kann durch die Art der vom Lieferanten bereitgestellten Informationen, wie Gebrauchs- oder Instandhaltungsanweisungen, beeinträchtigt werden." (DIN EN ISO 9000:2000) (siehe auch unter „Fehler")

Maschinenfähigkeitsuntersuchung Teil der Untersuchungsmethode für die kurzzeitige Prozessbeurteilung vor Serienanlauf bezogen auf die Fertigungseinrichtung (Maschine). Der Mindestumfang der probeweise gefertigten Teile in Folge beträgt 50 bzw. einen prozessgerechten Umfang. Der erreichte Wert wird in c_m bzw. $c_{m,k}$ angegeben.

Matrixdiagramm Qualitätstechnik; eines der sieben Managementwerkzeuge (M7); Qualitätswerkzeug für nichtnumerische Daten. Hilft Zusammenhänge zwischen zwei bis vier Einflussgrößen darzustellen, d. h. Darstellung der Existenz und Stärke von Beziehungen zwischen zwei oder mehreren Merkmalsgruppen, Themengebieten etc. Es lässt sich auf diesem Weg prüfen, ob zwei Maßnahmen, die zueinander in einer Beziehung stehen, sich gegenseitig unterstützen oder behindern. Darüber hinaus wird für das Ergebnis einer Teamarbeit ein höchstes Maß an Einvernehmlichkeit und Objektivität erzielt.

M

Aufgezeigte Beziehungen lassen sich mit Hilfe von Zusatz-
symbolen gewichtet darstellen und in einem primären
Ansatz analysieren. Gebräuchliche Formen: L-Matrix
(zwei Themengebiete), T-Matrix (drei Themengebiete) und
X-Matrix (vier Themengebiete)

Matrixorganisation Organisationsform;
Eine Linienorganisation (klassische Hierarchieform
eines Unternehmens) ist von einer anderen Organisationsform überlagert (z. B. Produktverantwortlichkeit,
Prozessverantwortlichkeit, Regionenverantwortlichkeit,
etc.).

Maximaler Durchschlupf Größter Wert des Durchschlupfs bei
einer Stichprobenanweisung

MBA 1. Malcolm Baldrige Award (Qualitätspreis in USA;
Forderungen ähnlich dem Europäischen Qualitätspreis
nach dem EFQM-Modell bzw. dem Deming-Preis in Japan;
siehe jeweils dort)
2. Master of Business Administration (entspricht in etwa
Diplom-Betriebswirt)

MBNQA Malcolm Baldrige National Quality Award (entspricht dem MBA; siehe dort)

MbO Management by Objectives (siehe dort)

MbP Management by Policy (siehe dort)

MCC Machine Capability Control (siehe Maschinenfähigkeitsuntersuchung)

MDT Mean Down Time (mittlere Ausfalldauer); Kennzahl der
Instandhaltung; die mittlere Ausfalldauer ist die Summe
der mittleren Zeiten für die Aktivitäten, je nach Produkt,
wie z. B. Zugriffszeit, Reparaturzeit, Anfahrzeit, Wiederin-
betriebnahmezeit, etc.

Merkmal „Kennzeichnende Eigenschaft.
Anmerkung 1: Ein Merkmal kann inhärent oder zugeordnet
sein.
Anmerkung 2: Ein Merkmal kann qualitativer oder quantitativer Natur sein.
Anmerkung 3: Es gibt verschiedene Klassen von Merkmalen, z. B.:
• physische Merkmale, z. B. mechanische, elektrische,
chemische oder biologische Merkmale;
• sensorische Merkmale, z. B. bezüglich Geruch,
Berührung, Geschmack, Sehvermögen, Gehör;

- verhaltensbezogene Merkmale, wie z. B. Höflichkeit, Ehrlichkeit, Wahrheitsliebe;
- zeitbezogene Merkmale, beispielsweise Pünktlichkeit, Zuverlässigkeit, Verfügbarkeit;
- ergonomische Merkmale, z. B. physiologische oder auf Sicherheit für den Menschen bezogene Merkmale;
- funktionale Merkmale, z. B. Höchstgeschwindigkeit eines Flugzeuges."(DIN EN ISO 9000:2000)

Merkmalswert „Der Erscheinungsform eines Merkmals zugeordneter Wert" (DGQ-Schrift 11-04)
Gemäß QS-9000-/VDA-Literatur wird im Rahmen der Maschinen- und Prozessfähigkeitsuntersuchung unterschieden zwischen mischverteilten Merkmalswerten und bei stationären Mittelwerten zwischen normalverteilten und schiefverteilten Merkmalswerten. Für Prozesse mit stationären Mittelwerten erfolgt der Einsatz von Shewhard-Qualitätsregelkarten (siehe unter „Qualitätsregelkarte")

Messabweichung „Messergebnis minus Bezugswert, wobei dieser je nach Festlegung oder Vereinbarung der wahre Wert, der richtige Wert oder der Erwartungswert sein kann" (DGQ-Schrift 11-04)

Messbereich Der Wertebereich der Messgröße, für den die Messabweichung (siehe dort) eines Messgeräts (siehe dort) innerhalb der vorgegebenen Fehlergrenzen liegen soll.

Messeinrichtung Alle Messgeräte und dazugehörigen Einrichtungen an einem definierten Ort, um Messungen durchführen zu können

Messergebnis Durch eine Messung gewonnener Wert für die Messgröße

Messgenauigkeit „Ausmaß der Annäherung des Messergebnisses an den wahren Wert der Messgröße" (DIN ISO 10012 (08/92))

Messgerät „Gerät, das allein oder in Verbindung mit Zusatzeinrichtungen zur Durchführung einer Messung bestimmt ist" (DIN ISO 10012 (08/92))

Messgröße „Größe, die Gegenstand einer Messung ist" (DIN ISO 10012 (08/92))

Messmittel „Messgerät, Software, Messnormal, Referenzmaterial oder Hilfsmittel oder eine Kombination davon, benötigt für einen Messprozess." (DIN EN ISO 9000:2000)

M

Messobjekt Einheit, die vermessen oder an der gemessen wird

Messprozess „Satz von Tätigkeiten zur Ermittlung eines Größenwertes." (DIN EN ISO 9000:2000)

Mess-, Steuer- und Regeltechnik MSR. Elektrotechnischer Wissenschafts- und technischer Anwendungszweig, der sich u. a. mit Entwicklung, Bau, Optimierung und Überprüfung von Mess-, Steuer- und Regelgeräten aller Art befasst.

Messüberwachungssystem „Satz von in Wechselbeziehung oder Wechselwirkung stehenden Elementen, der zur Erzielung der metrologischen Bestätigung und zur ständigen Überwachung von Messprozessen erforderlich ist." (DIN EN ISO 9000:2000)

Messung „Ausführen geplanter Tätigkeiten zum quantitativen Vergleich einer Messgröße mit einer Bezugsgröße gleicher Dimension des Einheitssystems.
Anmerkung 1: Das Erzielen des Messergebnisses wird zur Messung gerechnet, nicht aber dessen Verwertung in einer anderen Maßaufgabe.
Anmerkung 2: Die Bezugsgröße des Einheitensystems sind Basiseinheiten mit den Basisdimensionen (z. B. Ampere) und abgeleitete Einheiten mit den abgeleiteten Dimensionen (z. B. Volt).
Anmerkung 3: Die Tätigkeiten können teilweise oder voll automatisiert sein. Das schließt die Möglichkeit ein, dass Messergebnisse gespeichert und erst zu einem späteren Zeitpunkt abgerufen werden.
Anmerkung 4: Von der Benutzung des Wortes „Bestimmung" für „Messung" wird abgeraten, weil es sowohl die Festlegung vorzugebender Werte als auch die Ermittlung festzustellender Werte bedeuten kann..." (DGQ-Schrift 11-04)

Messunsicherheit „Ergebnis der Auswertung zur Kennzeichnung des Bereichs, innerhalb dessen der wahre Wert einer Messgröße schätzungsweise, im Allgemeinen mit einer gegebenen Wahrscheinlichkeit, liegt. (DIN ISO 10012 (08/92))

Metrologie Lehre von den Maßen und Gewichten

metrologische Bestätigung „Satz von notwendigen Tätigkeiten, um sicherzustellen, dass ein Messmittel die Anforderungen an seinen beabsichtigten Gebrauch erfüllt.

Anmerkung 1: Üblicherweise umfasst die metrologische Bestätigung, Kalibrierung oder Verifizierung jede notwendige Einstellung oder Reparatur mit nachfolgender Neukalibrierung, den Vergleich mit den metrologischen Anforderungen an den beabsichtigten Gebrauch des Messmittels sowie alle erforderlichen Plombierungen und Etikettierungen.

Anmerkung 2: Eine metrologische Bestätigung ist erst erreicht, wenn die Tauglichkeit der Messmittel für den beabsichtigten Gebrauch dargelegt und dokumentiert ist.

Anmerkung 3: Die Anforderungen an den beabsichtigten Verwendungszweck können Aspekte wie Messbereich, Auflösung und Grenzwerte für Messabweichungen einschließen.

Anmerkung 4: Anforderungen der metrologischen Bestätigung unterscheiden sich von Produktanforderungen und sind in letzteren nicht festgelegt." (DIN EN ISO 9000:2000)

metrologisches Merkmal „Kennzeichnende Eigenschaft, die die Messergebnisse beeinflussen kann.

Anmerkung 1: Ein Messmittel hat üblicherweise mehrere metrologische Merkmale.

Anmerkung 2: Metrologische Merkmale können der Kalibrierung unterliegen." (DIN EN ISO 9000:2000)

MFU Maschinenfähigkeitsuntersuchung (siehe dort)

Mission Auftrag
Selbstzweck bzw. Existenzberechtigung einer Organisation

MIT-Studie Eine vom Massachusetts Institute of Technology (MIT, USA) veranlasste Studie über die Zukunft in der Autoindustrie;
Vergleiche vor allem mit der japanischen Autoindustrie; Ergebnisse sind in einem Buch (Womack; Die zweite Revolution in der Autoindustrie; 1991) zusammengefasst; Auslöser der Lean-Management-Diskussion

Monitoring 1. Nachweis einer Entwicklung, z. B. der Wirksamkeit eines medizinischen Präparats
2. Die Untersuchung von Auswirkungen auf ein Ökosystem oder einen Organismus. Unter biologischem Effekt-Monitoring versteht man die Auswirkungen einer Substanz oder Strahlung auf den Körper, z. B. die Veränderung des Stoffwechsels oder des Erbguts.
3. Englischer Ausdruck für Überwachung; siehe dort

M

MOST   Mission, Objectives, Strategies, Tactics
Ausdruck im Hoshin- bzw. Management-by-Policy-Prozess

MRP   Machine Requirements Planning
Hauptaufgabe ist der Rückschluss vom Bedarf an Enderzeugnissen über eine Stücklistenauflösung auf den Bedarf an Einzelkomponenten. Aussagen über Losgrößenplanung, Planung der Lagerhaltung und Kapazitätsbedarf sind möglich.

MRP II   Machine Resource Planning
Verfeinerung des MRP; echte modular aufgebaute Planung des Kapazitätsbedarfs; stellt den Prototyp aller weiteren Produktionsplanungssysteme (siehe dort) dar.

MRT   Mean Repair Time (mittlere Instandsetzungsdauer); Kennzahl der Instandhaltung; Mittlere Zeit der Dauer von Instandsetzungsarbeiten

M 7   7 Managementwerkzeuge (siehe dort)

MSR   Mess- Steuer- und Regeltechnik (siehe dort)

MTBF   Mean Time Between Failures (mittlerer Ausfallabstand); Kennzahl der Instandhaltung; Mittlere Zeit zwischen dem Eintreten von Fehlern bezogen auf bestimmte Maschinen/Maschinenpark

MTTF   Mean Time to Failure (mittlere Lebensdauer); Kennzahl der Instandhaltung; die mittlere Lebensdauer ist die Summe der mittleren Zeiten zwischen Ersteinsatz der Maschinen/Maschinenpark und dem nicht mehr in den ursprünglichen funktionstüchtigen zurückführbaren Zustand

MTTFF   Mean Time To First Failure (mittlere Zeit bis zum ersten Ausfall) Kennzahl der Instandhaltung; die mittlere Zeit zum ersten Ausfall ist die Summe der mittleren Zeiten zwischen dem Ersteinsatz der Maschinen/Maschinenpark und dem erstmaligen Ausfall, unabhängig ob reparierbar oder nicht.

MTTM   Mean Time To Maintenance (mittlere Instandhaltungsdauer); Kennzahl der Instandhaltung; die mittlere Instandhaltungsdauer ist die Summe der mittleren Zeiten für die Aktivitäten von vorbeugenden Instandhaltungsarbeiten (Schmieren, etc.) bezogen auf bestimmte Maschinen/Maschinenpark

MTTR   Mean Time To Repair (mittlere Instandsetzungsdauer); Kennzahl der Instandhaltung; die mittlere Instandsetzungsdauer ist die Summe der mittleren Zeiten für die Aktivitäten von korrigierenden Instandsetzungsarbeiten (Reparaturen, etc.) bezogen auf bestimmte Maschinen/ Maschinenpark

Muda Japanisch für die sieben Verschwendungsarten, Begriff aus dem Kaizen

Mura Japanisch für Abweichung, Diskrepanz, Auseinander-klaffen, Schwankungen im Prozess; Ausdruck aus dem Kaizen

Muri Japanischer Ausdruck für die Vermeidung einer Über-lastung von Mensch und Maschine; Ausdruck aus dem Kaizen

Muster „Materielle Einheit, die einer Qualitätsprüfung aus besonderem Anlass unterzogen oder im Rahmen einer Qualitätsprüfung benötigt wird" (DGQ-Schrift 11.04)

Musterprüfung „Qualitätsprüfung an einem Muster" (DGQ-Schrift 11-04)

MUT Mean Up Time (mittlere ausfallfreie Zeit); Kennzahl der Instandhaltung; die mittlere ausfallfreie Zeit ist die Summe der mittleren Zeiten, bei denen die Maschinen/Maschinen-park störungsfrei sind (d.h. keine Instandsetzungsarbeiten notwendig sind)

M

Nacharbeit „Maßnahme an einem fehlerhaften Produkt, damit es die Anforderungen erfüllt.
Anmerkung: Im Unterschied zur Nacharbeit kann eine Reparatur Teile des fehlerhaften Produkts beeinflussen oder verändern." (DIN EN ISO 9000:2000)

Nachweis Daten, welche die Existenz oder die Wahrheit von etwas untermauern. Die Sammlung von Nachweisen ist u.a. im Rahmen von Audits wichtiger Bestandteil.
Siehe „Auditnachweis"

Nachweisdokument Ein Dokument in elektronischer Form, Papierform etc., das Daten bzw. Informationen als Nachweis für erbrachte Tätigkeiten, Vorgänge, Beschaffenheit etc. enthält, um die zutreffenden Eigenschaften und Charakteristika zu dem Zeitpunkt der Aufzeichnung zu dokumentieren.

NAQC National Advisory Council for Quality

Nationales Normal „Normal, das in einem Land (durch einen offiziellen nationalen Beschluss) als Basis zur Festlegung des Wertes aller anderen Normale der betreffenden Größe anerkannt ist" (DGQ-Schrift 11-04)

Natürliche Einheit „In einem Prozess entstandenes, abgegrenztes Stück" (DGQ-Schrift 11-04)

NDT Non-Destructive Test (zerstörungsfreie Prüfung)

Nebenfehler „Fehler, der nicht Hauptfehler ist und bei dessen Entstehen für die betroffene Umgebung keine wesentlichen Folgen wirksam werden" (DGQ-Schrift 11-04)

Nennwert „Wert eines quantitativen Merkmals zur Gliederung des Anwendungsbereichs" (DGQ-Schrift 11-04)

Netzplantechnik Qualitätstechnik; eines der sieben Managementwerkzeuge (siehe dort);
Übersichtliche Darstellung des zeitlichen Verlaufs eines Projekts, das aus einzelnen Bausteinen besteht. In einem Netzplan werden die Gesamtdauer des Projekts, der Zeitaufwand der einzelnen Aktivitäten und die jeweiligen Anfangszeitpunkte ausgewiesen.
Verbindung inhaltlich sowie chronologisch zusammenhängender Felder durch Pfeilsignaturen (Vorgänger-Nachfolger-Beziehung). Darlegung des so genannten Kritischen Pfads, der „kritischen" Verlaufselemente des Projekts, d. h. solcher Ablaufelemente/Vorgänge, die nacheinander oder parallel ablaufen müssen und bei denen sich eine Verzöge-

N

rung unmittelbar auf den nachfolgenden Vorgang und letztendlich auf den gesetzten Endtermin negativ auswirken.

Neueinstufung „Änderung der Anspruchsklasse eines fehlerhaften Produkts, damit es Anforderungen erfüllt, die von den ursprünglichen abweichen." (DIN EN ISO 9000:2000)

New economy Bezeichnung für die neue „Art" des Wirtschaftslebens, das sich zunehmend über elektronische Medien/Dienstleistungen und Produkte abspielt (B2B-Markt, e-business, e-commerce, e-procurement, ...)

NF Normes Français (Bezeichnung für französische Normen)

Nichtkonformität siehe unter „Fehler" und „Mangel" „Nichterfüllung einer Anforderung." (DIN EN ISO 9000:2000)

*Fußnote in der deutschsprachigen Fassung der DIN EN ISO 9000:2000:
Die englischsprachige Benennung „nonconformity" wird im Deutschen auch als „Nichtkonformität" übersetzt.

NIST National Institute for Standards and Technologies; amerikanisches Institut, das auch für die Organisation und Vergabe des MBA (siehe dort) verantwortlich zeichnet

Nominalmerkmal „Qualitatives Merkmal, für dessen Werte keine Ordnungsbeziehungen bestehen" (DGQ-Schrift 11-04)

Normal Messverkörperung, Referenzmaterial, Messgerät oder Messeinrichtung mit dem Zweck, eine (Maß-)Einheit zu definieren. Das Normal dient als Vergleichsmittel für Messgeräte mit gleicher Dimension auf Funktionstüchtigkeit

Normalverfahren „Verfahren zur Darstellung der (Maß-)Einheit einer physikalischen Größe ohne Maßverkörperung" (DGQ-Schrift 11-04)

NQA National Quality Award (Q-Auszeichnungen in den USA); entspricht dem deutschen Ludwig-Erhard-Preis

NQSZ Normenausschuss Qualitätsmanagement, Statistik und Zertifizierungsgrundlagen

Null-Fehler-Prinzip Philosophie im Bereich des Qualitätsmanagements;
Die Null-Fehler-Philosophie geht von der absoluten Fehlervermeidung aller Führungskräfte und Mitarbeiter aus. Alle Mitglieder in einer Organisation sind aufgefordert, keine

Fehler zu machen, zu akzeptieren und/oder nicht weiterzugeben.

Nullfehlerprogramm Qualitätsbezogenes Motivationspro-
gramm für alle Führungskräfte und Mitarbeiter, um Fehler
nicht zu akzeptieren bzw. weiterzugeben, d. h. zu eliminieren bzw. zu reduzieren

Nullhypothese Über die Verteilung einer Grundgesamtheit,
in der Erfahrungen, Annahmen oder theoretische Überlegungen zum Ausdruck kommen, können verschiedene
Aussagen als Hypothesen aufgestellt werden. Diese werden
anhand von Ergebnissen aus Stichproben überprüft. Liegt
eine bestimmte Hypothese über eine Verteilung vor,
spricht man von einer Nullhypothese (siehe auch „Alternativhypothese")

Nutzleistung Werterhöhende Unternehmensvorgänge, wie
z. B. Bearbeitungsaktivitäten, Montagevorgänge, Veredel-
ungsprozesse;
In der Regel das, wofür ein Kunde bereit ist zu zahlen.

N

Obere Grenzabweichung „Höchstwert minus Bezugswert"
(DGQ-Schrift 11-04)

Oberste Leitung „Person oder Personengruppe, die eine
Organisation auf der obersten Ebene leitet und lenkt."
„Rolle der obersten Leitung im Qualitätsmanagemen-
system:
Die oberste Leitung kann durch ihr Führungsverhalten
und ihr Handeln eine Umgebung schaffen, in der die
Personen vollkommen einbezogen sind und in der ein
Qualitätsmanagementsystem wirksam betrieben werden
kann. Die oberste Leitung kann die Grundsätze des
Qualitätsmanagements (siehe dort) als Grundlage für ihre
Aufgaben verwenden, die in Folgendem bestehen:
a) Festlegen und Aufrechterhalten der Qualitätspolitik und
   der Qualitätsziele der Organisation;
b) Fördern der Qualitätspolitik und der Qualitätsziele in
   der gesamten Organisation, um das Bewusstsein, die
   Motivation und die Einbeziehung aller zu erhöhen;
c) Sicherstellen, dass sich die gesamte Organisation an den
   Kundenanforderungen orientiert;
d) Sicherstellen, dass geeignete Prozesse umgesetzt sind,
   um die Anforderungen der Kunden und anderer interes-
   sierter Parteien erfüllen und die Qualitätsziele erreichen
   zu können;
e) Sicherstellen, dass ein wirksames und effizientes Qualitätsmanagementsystem eingeführt, umgesetzt und aufrechterhalten ist, um diese Qualitätsziele zu erreichen;
f) Sicherstellen der Verfügbarkeit der erforderlichen
   Ressourcen;
g) regelmäßiges Bewerten des Qualitätsmanagementsystems;
h) Entscheiden über Maßnahmen bezüglich der Qualitätspolitik und der Qualitätsziele;
i) Entscheiden über Maßnahmen zur Verbesserung des
   Qualitätsmanagementsystems."
(DIN EN ISO 9000:2000)

Objektiver Nachweis „Daten, die die Existenz oder Wahrheit
von Etwas bestätigen.
Anmerkung: Objektive Nachweise können durch Beobach-
tung, Messung, Test oder mit anderen Mitteln erbracht
werden." (DIN EN ISO 9000:2000)

O

OC Operationscharakteristik (siehe dort)

OHRIS Occupational Health and Risk Management
Bayerischer Leitfaden für ein Sicherheitsmanagementsystem.

Aufbauend auf dem Gedanken des Umweltpaktes Bayern;
im Mittelpunkt steht der Schutz der Gesundheit und die
Sicherheit der Beschäftigten und der Anwohner im Bereich
von Industrieanlagen. Ziel sind niedrige Unfallzahlen und
eine möglichst geringe Anzahl arbeitsbedingter Erkrankun-
gen. Zudem soll die Gesamtleistung des Unternehmens
durch ungestörte Betriebsabläufe und dadurch verringerte
Kosten verbessert werden.

OHRIS wurde so konzipiert, dass es für alle Unternehmens-
größen anwendbar ist. Es besteht aus 10 Systemelementen.

Old economy Bezeichnung für das herkömmliche, „klassische" Wirtschaftsleben im Gegensatz zu der sich insbesondere über elektronische Medien/Dienstleistungen und Produkte (B2B-Markt, e-business, e-commerce, e-procurement,
...) entwickelnden Wirtschaft (siehe „new economy").

One Piece Flow Weiterleitung immer nur eines Stückes im
Arbeitsprozess

Operationscharakteristik Prüfkennlinie für Stichprobenpläne,
d. h. die Annahmewahrscheinlichkeit eines Prüfloses als
Funktion seiner Qualitätslage bzw. seines Ausfallanteils.
Jede Kombination aus Stichprobengröße und Annahmezahl ergibt eine bestimmte Kurvenverlaufsform.

Organisation „Gruppe von Personen und Einrichtungen mit
einem Gefüge von Verantwortungen, Befugnissen und
Beziehungen.

Beispiele: Gesellschaft, Körperschaft, Firma, Unternehmen,
Institution, gemeinnützige Organisation, Einzelunterneh-
mer, Verband oder Teile oder Mischformen solcher Einrichtungen.

Anmerkung 1: Das Gefüge ist üblicherweise geordnet.

Anmerkung 2: Eine Organisation kann öffentlich-rechtlich
oder privatrechtlich sein.

Anmerkung 3: Diese Definition gilt im Rahmen von
Normen zu Qualitätsmanagementsystemen." (DIN EN ISO
9000:2000)

OTBF Operating Time Between Failures (Betriebszeit
zwischen Ausfällen)

PA Prüfanweisung

Parameter Charakteristische Konstante bzw. bestimmte Größe, die eine Funktion (z. B. Wahrscheinlichkeitsfunktion) kennzeichnet
Begriff aus der Maschinen- und Prozessfähigkeitsuntersuchung. Hierbei sind μ und σ (beispielsweise Parameter der Grundgesamtheit für Lage und Streuung einer Stichprobenmenge.

Pareto-Analyse Eines der sieben Qualitätswerkzeuge (siehe dort) (Q 7)
„Untersuchungsmethode mittels Anordnung aller eine betrachtete Situation beeinflussenden Faktoren in einer Ordnung ihres relativen Einflusses mit dem Ziel, eine detailliertere Untersuchung auf die Hauptfaktoren konzentrieren zu können." (DGQ-Schrift 11-04)
auch: ABC-Analyse, Hilfsmittel, um die wichtigsten Problemursachen herauszufinden, da nach der „80 zu 20-Regel" 80 Prozent der Wirkung oft auf nur 20 Prozent der Ursachen zurückzuführen sind. Die Pareto-Analyse hilft dabei, wichtige von unwichtigen Einflussfaktoren zu trennen.

PCM Parts Count Methods (Teilezählmethoden); Methode der Qualitätssicherung

PD Policy Deployment (siehe dort)

PDCA Englisch für Plan-Do-Check-Act; bekannt auch unter dem Begriff „Deming-Kreis"; im Deutschen: Planen, Tun, Checken, Agieren;
Methode als Mittel zur ständigen Verbesserung.

P

Performanceaudit Art eines Audits, dass hauptsächlich zur Analyse und Überprüfung der Effektivität und Effizienz von Verfahren und Prozessen dient. Ursprünglich aus dem Umweltbereich kommend findet es zunehmend Anwendung im Qualitätsmanagementbereich.

Person menschliches Wesen, Mensch.
Juristisch: Jemand, der im Rechtsstaat Träger von Rechten und Pflichten sein kann.
„Personen; Einbeziehung der Personen:
Auf allen Ebenen machen Personen das Wesen einer Organisation aus, und ihre vollständige Einbeziehung ermöglicht, ihre Fähigkeiten zum Nutzen der Organisation einzusetzen." (DIN EN ISO 9000:2000, Einleitung)

Einer der acht Grundsätze des Qualitätsmanagements, welche die Grundlage für die Normen zu Qualitätsmanagementsystemen in der ISO-9000-Familie bilden.

Pflichtenheft Darlegung der Qualitätsforderung in einer bestimmten Konkretisierungsstufe. Diese dient als Basis für die Realisierung, als Realisierungsspezifikation. Das Pflichtenheft beinhaltet mindestens: detaillierte Funktionen, Materialforderungen, Lösungen, Gliederungen in Baugruppen, detaillierte Leistungsdaten, Abmessungen, Design, Normen und Prüfvorschriften, Zulassungen, Toleranzbereiche, Anforderungen von zu beschaffenden Teilen, detaillierte Leistungsbeschreibung für kritische Teile

P-FMEA Produktions- oder Prozess-FMEA (siehe FMEA)

PFU Prozessfähigkeitsuntersuchung

Pilotanlage Verfahrenstechnische Anlage in einem im Vergleich zur industriellen Großproduktion verkleinerten Maßstab (Technikumsmaßstab). Pilotanlagen dienen der Untersuchung und Optimierung des Prozesses und der Ausrüstung sowie der Produktion geringer Mengen an Produkten zu Testzwecken.

PIMS Profit Impact of Market Strategy; systematische Untersuchung von mehr als 3000 Organisationen auf strategische Erfolgsfaktoren (z. B. Preispolitik, Art des Vertriebes, ...) der Organisationen. Erste große Untersuchung zu den Gesetzmäßigkeiten des Marktes. Das Ergebnis zeigt, dass die relative Produktqualität ein Erfolgsfaktor für die Organisationen darstellt, die den Return on Investment (ROI) determinieren.
Durchgeführt von SPI (siehe dort)

PMÜ Prüfmittelüberwachung (siehe dort)

PMV Prüfmittelverwaltung

Poka Yoke Japanischer Ausdruck für „narrensicheres" Verhalten; Mechanismen (z. B. Einrichtungen an Maschinen), um zufällige Fehler zu vermeiden

Policy Deployment Auch: Hoshin-Prozess oder Management by Policy (siehe dort)

Portfolio Qualitätstechnik; eines der sieben Managementwerkzeuge (siehe dort);
Portfolio stellt ähnlich dem paarweisen Vergleich eine unterstützende Methode in einem Entscheidungsfindungs-

prozess dar und dient zur Gewichtung von Merkmalen. Es eröffnet die Möglichkeit eine große Anzahl von Merkmalen zu vergleichen und zu priorisieren. Mit Hilfe eines Portfolios lässt sich in einfacher und anschaulicher Weise eine Priorisierung für erforderliche Maßnahmen aufzeigen (Argumentationshilfe). Die Darstellung erfolgt in einem x-y-Achsenkreuz, z. B. x-Achse: Bedeutung, y-Achse: Realisierbarkeit einer Maßnahme.

Häufig wird das Portfolio in vier Bereiche eingeteilt:
- unten links: niedrige Bedeutung und niedrige Realisierbarkeit
- unten rechts: hohe Bedeutung und niedrige Realisierbarkeit
- oben links: niedrige Bedeutung und hohe Realisierbarkeit
- oben rechts: hohe Bedeutung und hohe Realisierbarkeit

Oben rechts sind die Maßnahmen mit höchster Priorität.

PPAP Production Part Approval Process (Produktionsteil-Abnahmeverfahren);
Regelt das Produkt-Freigabeverfahren gemäß Anforderungen der QS-9000.
Genaue Forderungen sind im PPAP-Handbuch mit Formularen, Erläuterungen und Beispielen dargelegt.

ppb Parts per billion (10^{-9}) ; 1 Teil pro 1 Milliarde Teilchen

ppm Parts per million (10^{-6}) ; 1 Teil pro 1 Million Teilchen

PPS Produktionsplanungssystem (siehe dort)

Problem-Entscheidungs-Plan Qualitätstechnik; eines der sieben Managementwerkzeuge (siehe dort);
Grafische Darstellung der Zusammenhänge von möglichen Schwierigkeiten und möglichen Gegenmaßnahmen im Vorfeld eines Projekts.

ProdHaftG Produkthaftungsgesetz
Regelt die Haftungsfragen bei Schäden, die durch Produkte eines Herstellers entstanden sind

Produkt Produkt im Sinne der qualitätsbezogenen Analyse bzw. des qualitätsbezogenen Vergleichs können Dinge, Systeme, Verfahren, Dienstleistungen oder Verhaltensweisen sein. Der Produkt-Begriff umfasst materielle und immaterielle Güter.
„Produkt ist das Ergebnis eines Prozesses.
Anmerkung: Es gibt vier anerkannte übergeordnete Produktkategorien:

P

– Dienstleistungen (z. B. Transport);
– Software (z. B. Rechnerprogramm, Wörterbuch);
– Hardware (z. B. mechanisches Motorteil);
– verfahrenstechnische Produkte (z. B. Schmiermittel)
Die meisten Produkte bestehen aus Elementen, die zu verschiedenen übergeordneten Produktkategorien gehören. Ob das Produkt als Dienstleistung, Software, Hardware oder verfahrenstechnisches Produkt bezeichnet wird, hängt vom vorherrschenden Element ab.
Zum Beispiel besteht das Angebotsprodukt „Auto" aus Hardware (z. B. den Reifen), verfahrenstechnischen Produkten (z. B. Kraftstoff, Kühlflüssigkeit), Software (z. B. Motorsteuerungssoftware, Betriebsanleitung) und Dienstleistung (z. B. den vom Händler gegebenen Erläuterungen zum Betrieb).
(DIN EN ISO 9000:2000)

Produktaudit Audit (siehe dort) bezüglich Einzelteilen, Zusammenbauten, Zwischenprodukten, Endprodukten oder Dienstleistungen.
Das Produktaudit dient vornehmlich zum Feststellen, ob die auditierte Einheit/Produkt die geforderte Beschaffenheit aufweist. Es hat einen Prüfcharakter.

Produkthaftung Der Hersteller haftet rechtlich für die Schäden, die durch sein Produkt in der Umwelt und gegenüber den Verbrauchern entstehen.

Produktionsplanungssystem Anwendungsprogramme zur Unterstützung von Planung, Steuerung und Überwachung der Produktionsabläufe unter Mengen-, Termin- und Kapazitätsaspekten von der Angebotsbearbeitung bis hin zum Versand.

Produktkategorie Einteilung unterschiedlicher Produktarten, die gemeinsame Merkmale aufweisen

Produktspezifikation Spezifikation, welche die Qualitätsforderung an ein materielles, immaterielles Produkt (z. B. Dienstleistung, etc.) oder an eine Kombination von beiden enthält

Produktverhaltensprüfung „Qualitätsprüfung zur Gewinnung von Kenntnissen über das Produktverhalten nach Übergabe des Angebotsprodukts an den Kunden bzw. an den Auftraggeber" (DGQ-Schrift 11-04)

Projekt „Einmaliger Prozess, der aus einem Satz von abge-

stimmten und gelenkten Tätigkeiten mit Anfangs- und Endterminen besteht und durchgeführt wird, um ein Ziel zu erreichen, das spezifische Anforderungen erfüllt, wobei Zeit-, Kosten- und Ressourcenbeschränkungen eingeschlossen sind.
Anmerkung 1: Ein Einzelprojekt kann Teil einer größeren Projektstruktur sein.
Anmerkung 2: Bei einigen Projekten werden während des Projektverlaufs die Ziele verfeinert und die Produktmerkmale fortschreitend definiert.
Anmerkung 3: Das Ergebnis eines Projekts kann aus einer Einheit oder mehreren Einheiten von Produkten bestehen.
Anmerkung 4: Angepasst übernommen aus ISO 10006:1997." (DIN EN ISO 9000:2000)

Projektmanagement Konzept für die Organisation und Leitung (Planung, Überwachung, Steuerung) eines komplexen Vorhabens. Diese Vorhaben sind in der Regel gekennzeichnet durch Einmaligkeit, festgelegtes Sachziel, zeitliche Befristung, limitierte Ressourcenbereitstellung, verschiedenartige aber miteinander korrespondierende Teilaufgaben, eine besondere explizit auf das Vorhaben abgestellte und abgestimmte Organisationsstruktur (z. B. interdisziplinäres Projekt-Team, Projektleiter, Lenkungsausschuss, u. a.), fixierte Regeln des Projektablaufes (Meilensteine, Verifizierungsschritte, Validierung, u. a.) und Dokumentationsformen (z. B. Projektantrag, Lastenheft, Pflichtenheft, u. a.). Einsatzbereiche in allen Aufgabenstellungen eines Unternehmens, beispielsweise Forschung und Entwicklung, Maßnahmenprojekte, Verbesserungsprojekte, etc.

Projektplan Auf der Basis eines Projektauftrags erstellte zielorientierte Planung für ein Projekt mit Angaben sowohl einzelner erforderlicher Tätigkeiten als auch des zeitlichen Ablaufs. Je nach Projektstatus von unterschiedlicher Detailtiefe, d. h. dynamischer Prozess. Beispielhafte übergeordnete Ablaufschritte/-arten: 1. Projektstrukturplan, 2. Projektablaufplan, 3. Terminplan, 4. Kapazitätenplan, 5. Kostenplan, 6. Projektgesamtkosten, 7. Qualitätsplan, 8. Projektrealisierung

Projektstrukturplan hierarchische Aufgliederung von Projektaufgaben in Aufgabenschritte/Teilaufgaben. Teilaufgaben können bis in Personen- und/oder Abteilungsebene aufgesplittet werden. Im Projektstrukturplan werden beginnend mit den Hauptaufgaben hierzu erforderliche Teilaufgaben und Arbeitspakete, noch unabhängig von einer zeitlichen Reihenfolge, definiert. Ein Projektstrukturplan kann sowohl funktionsbezogen wie auch objektbezogen oder gemischt aufgebaut sein. Er stellt die Basis für die folgenden Planungsschritte dar: Projektablaufplan, Projektterminplan, Kapazitätsplanung und Kostenplanung

Prozess „Ein Satz von in Wechselbeziehung oder Wechselwirkung stehenden Tätigkeiten, der Eingaben in Ergebnisse umwandelt." (DIN EN ISO 9000:2000). Ein Prozess, bzw. die einzelnen Prozessschritte, beantwortet die Frage „Was mache ich?"
Zu unterscheiden von Verfahren, das auf die Frage antwortet „Wie, auf welche Art und Weise mache ich was?"
„Anmerkung 1: Eingaben für einen Prozess sind üblicherweise Ergebnisse anderer Prozesse.
Anmerkung 2: Prozesse in einer Organisation werden üblicherweise geplant, und unter beherrschten Bedingungen durchgeführt, um Mehrwert zu schaffen.
Anmerkung 3: Ein Prozess, bei dem die Konformität des dabei erzeugten Produkts nicht ohne weiteres oder nicht in wirtschaftlicher Weise verifiziert werden kann, wird häufig als „spezieller Prozess" bezeichnet." (DIN EN ISO 9000:2000)

Prozessaudit Untersuchung der Eignung und der Effektivität und Effizienz der Abfolge und Wechselwirkungen der Prozessschritte entlang eines einzigen ausgewählten Prozesses bzw. Prozesskette. Es hat weniger einen Prüfcharakter, vielmehr ähnelt es einer Analyse.

Prozessdimension Ausdruck für den Detaillierungsgrad der betrachteten Prozessebenen; übergeordnete Prozesse werden unterteilt in Sub-Prozesse, bzw. in Teilprozesse (siehe dort).

Prozesseigner Siehe Prozessverantwortlicher

Prozesskosten Zusammenfassung der Kostenarten an einem Prozessschritt, die die Aktivitäten eines Prozessschrittes verursachen
(z. B. alle Personal- und Sachkosten, die bei der Erstellung eines Angebots anfallen)

Prozesskostenrechnung Systematische Art und Weise der

Kostenleistungsrechnung, die als Ausgangspunkt die Kosten der einzelnen Prozessschritte heranzieht

Prozessleistungstransparenz Strukturierte Übersicht mit Hilfe von wenigen Kennzahlen, die Aussagen über die Effektivität und Effizienz der Prozesse zulässt (siehe auch „Prozessmanagement")

Prozessleitfaden Dokument, das einen Prozessablauf in einem Unternehmen darstellt; meistens als verbindliches Regelwerk.

Prozessmanagement Konzept für das umfassende Planen, Lenken, Prüfen und Verbessern von Prozessen und deren Leistungsfähigkeit. Die Abfolgen und Wechselwirkungen aller organisatorischer Prozesse (Produktionsabläufe, Beschaffungsabläufe, Entwicklungsprozesse, strategische Planungsprozesse, etc.) in einer Organisation werden dabei ebenso betrachtet wie Prozesse, die den „Faktor Mensch" betreffen (Kommunikation, Führung, etc.). Ausgangspunkt der Betrachtungen der Prozesse sind die Kunden.
Die Messung, Analyse und Verbesserung der Prozesse erfolgt mit Hilfe von Kennzahlen bzw. eines Kennzahlensystems (siehe dort).

Prozessorientierter Ansatz „Prozessorientierter Ansatz: Ein erwünschtes Ergebnis lässt sich effizienter erreichen, wenn Tätigkeiten und dazugehörige Ressourcen als Prozess geleitet und gelenkt werden." (DIN EN ISO 9000:2000)
„Jede Tätigkeit oder jeder Satz von Tätigkeiten, die bzw. der Ressourcen verwendet, um Eingaben in Ergebnisse umzuwandeln, kann als Prozess angesehen werden. Damit sich Organisationen wirksam betätigen können, müssen sie zahlreiche miteinander verknüpfte und in Wechselwirkung zueinander stehende Prozesse erkennen und handhaben. Oft bildet das Ergebnis des einen Prozesses die direkte Eingabe für den nächsten. Das systematische Erkennen sowie Handhaben dieser verschiedenen Prozesse innerhalb einer Organisation, vor allem aber der Wechselwirkungen zwischen solchen Prozessen, wird als „prozessorientierter Ansatz" bezeichnet." (nach DIN EN ISO 9000:2000, Einleitung)
Einer der acht Grundsätze des Qualitätsmanagements; diese bilden die Grundlage für die Normen zu Qualität-

P

managementsystemen in der ISO-9000-Familie. Sie können von der obersten Leitung benutzt werden, um die Leistungsfähigkeit der Organisation zu verbessern.

Prozessowner Siehe Prozessverantwortlicher

Prozessschritt Eigenständiger Bestandteil eines Prozesses bzw. einer Prozesskette

Prozessstrukturtransparenz Übersicht über die Zusammenhänge und Abfolgen der einzelnen Prozesse bzw. Prozessschritte; meistens über grafische Form.

Idealform einer Prozessstrukturtransparenz ist eine „ übergeordnete Prozesslandkarte" einer Organisation, in der alle Prozesse und deren Zusammenhänge grafisch dargestellt sind und über Verweise oder sonstige Links (z. B. Hyperlinks) die jeweiligen untergeordneten Prozesse (Teilprozesse) im Detail weiter verfolgt werden können.

Prozessteam Dem Verantwortlichen eines Prozesses stehen verschiedene Personen, die Tätigkeiten und Aufgaben innerhalb dieses Prozesses zu erfüllen haben, als unterstützende Kräfte in einer Teamstruktur zur Verfügung.

Diese Teams übernehmen operative Aufgaben für die Planung, Steuerung und Optimierung des Prozesses.

Prozessverantwortlicher Dem Grundsatz eines funktionierenden Managementsystems entspricht es, für alle entscheidenden Tätigkeiten und Aufgaben klare Verantwortungen und Befugnisse festzulegen.

Diesem Grundsatz folgend gilt es, für jeden Prozess nach speziellen Auswahlkriterien einen Verantwortlichen zu bestimmen und dessen Aufgaben zu definieren.

Prozessvisualisierung Grafische Darstellung eines Prozessablaufes (z. B. in Form einer Verfahrensanweisung, einer Prozessbeschreibung, ...)

Prüfablaufplan „Festlegung der Abfolge der Qualitätsprüfungen" (DGQ-Schrift 11-04)

Prüfanweisung Anweisung (meistens in schriftlicher Form), wie eine Prüfung durchzuführen ist

Prüfkosten Alle Kosten, die durch qualitätsrelevante Prüfvorgänge verursacht werden

Prüflos Los, das zu einem bestimmten Zeitpunkt in seiner Gesamtheit zu einer Qualitätsprüfung herangezogen wird

Prüfmerkmal Kriterium, an dem eine Prüfung durchgeführt wird

Prüfmittelüberwachung „Gesamtheit der systematischen Tätigkeiten der Kalibrierung, Justierung, Eichung sowie der Instandhaltung von Prüfmitteln und Prüfhilfsmitteln" (DGQ-Schrift 11-04)

Prüfplan 1. Im Sinne von Anhang 1 Abschnitt 1 Ziff. 1.3 Abs. 2 des Gesetzes zum Schutz vor gefährlichen Stoffen (Chemikaliengesetz – ChemG) vom 22. März 1990 (BGBI IS. 522) ein Dokument, das den Gesamtumfang der Prüfung beschreibt.

2. Im Sinne des Qualitätsmanagements ein Vorgabedokument für bestimmte qualitätsrelevante Prüfungen mit Inhalten wie Prüfmengenentnahmeort, Prüfumgebung, Prüfmethode, Prüfmenge, Prüfgerät, Prüfhäufigkeit, usw.

3. Ergebnis der Prüfplanung

   Anmerkung: Ein Prüfplan enthält im Allgemeinen Prüfspezifikationen, Prüfanweisungen, Prüfablaufpläne sowie Festlegungen über die Dokumentation des Prüfstatus

(DGQ-Schrift 11-04)

Prüfschärfe „Aus Trennvermögen und Bewertungsschärfe zusammengesetztes Maß für die Leistungsfähigkeit einer Stichprobenanweisung" (DGQ-Schrift 11-04)

Prüfspezifikation Festlegung der Prüfmerkmale einer Qualitätsprüfung

Prüfstatus „Eine

- am Produkt selbst oder auf einem angebrachten Träger angebrachte oder
- in einem Begleitpapier des Produkts eingetragene oder
- aus der Positionierung (z. B. Aufstellungsort, Lagerort usw.) des Produkts zweifelsfrei zu folgernde oder
- in der Datenverarbeitung im Rahmen eines CAQ-Systems abrufbare oder
- in einer sonstigen geeigneten Weise dem Produkt zugeordnete Aussage darüber, dass eine planmäßige Qualitätsprüfung am Produkt bereits durchgeführt wurde, wobei eine Information darüber enthalten ist, ob die betreffende Einzelforderung (die zur Qualitätsforderung gehört) erfüllt ist oder nicht"

(DGQ-Schrift 11-04)

Die Kennzeichnung des Prüfstatus ist ein stark unterneh-

P

mensspezifisches Verfahren und abhängig von den organisatorischen Gepflogenheiten.

In der Regel für Wareneingangs-, Zwischen- und Endprüfungen zu beschreiben.

Beispiele: ungeprüft / geprüft – i. O. / n. i. O. – Schrott / Nacharbeit, personenbezogen auf Begleitpapieren, am Produkt, über EDV, durch Markierung, Etiketten, Stempel, Sperrlagerung, etc.

Prüfung Das Feststellen, ob Konformität für festgelegte Merkmale besteht, durch Tätigkeiten wie Messen oder Untersuchen bei einem oder mehreren Merkmalen einer betrachteten Einheit und das Vergleichen der Ergebnisse mit vorher festgelegten Forderungen.

In der Regel muss bei Prüfungen neben dem festgelegten Merkmal (z. B. physikalischer Wert) auch der obere und untere Wert (Toleranzgrenzen, in dem sich der gemessene Wert befinden darf, um konform mit der Vorgabe zu sein) festgelegt sein.

„Konformitätsbewertung durch Beobachten und Beurteilen, begleitet – soweit zutreffend – durch Messen, Testen oder Vergleichen." (nach DIN EN ISO 9000:2000) vgl. auch „Inspektion"

„Ermitteln eines oder mehrerer Merkmale (Ermitteln der Merkmalswerte) nach einem Verfahren." (nach DIN EN ISO 9000:2000) vgl. auch „Test"

PTB Physikalisch-Technische Bundesanstalt

PTCA-Kreislauf Planen, Tun, Checken, Aktion; Deming-Kreis oder PDCA (siehe dort)

PV Prüfvorschrift

PVA Prüfvorschrift zur Abnahmeprüfung

PVG Prüfvorschrift zur Güteprüfung

PVQ Prüfvorschrift zur Qualifikationsprüfung

Q 7 7 Qualitätswerkzeuge (siehe dort)

QA Quality Assurance (Qualitätssicherung)

QC Quality Circles (Qualitätszirkel)

QFD Quality Function Deployment (siehe dort)

QIS Qualitätsinformationssystem

QKZ Qualitätskennzahl (siehe dort)

Q-Loss Funktion von Qualitätsverlusten; siehe dazu auch qualitätsbezogene Verluste

QM Qualitätsmanagement (siehe dort)

QM-Ablaufelement „QM-Element mit Regeln für den qualitätsbezogenen Aspekt des Ablaufs von Tätigkeiten und Prozessen in einem festgelegten, abgegrenzten Bereich" (DGQ-Schrift 11-04)

QM-Aufbauelement „Aus den QM-Ablaufelementen abgeleitetes QM-Element, das in der Aufbauorganisation als Stelle oder Person ausgewiesen ist und dessen Aufgabe vorwiegend der Erfüllung von Qualitätsforderungen an materielle und immaterielle Produkte dient" (DGQ-Schrift 11-04)

QMB Qualitätsmanagementbeauftragte/r

QM-Bewertung Management-Review (siehe dort) im Handlungsfeld Qualitätsmanagement

QM-Darlegung Tätigkeit, die Vertrauen in eine zufriedenstellende Fähigkeit des QM-Systems schafft

QM-Daten Daten über Beobachtungen, Messungen und Feststellungen von Qualitätsforderungen im Rahmen eines Qualitätsmanagements

QM-Element Baustein eines Qualitätsmanagements insbesondere bei Betrachtung der DIN EN ISO 9000 (z. B. Vertragsprüfung; Beschaffung, Prozessvalidierung, Lenkung der Dokumente, etc.)

QM-Führungselement „QM-Element, bestehend aus Regeln, die in Umsetzung der Unternehmenspolitik bezüglich dem Qualitätsmanagement für alle QM-Ablaufelemente und QM-Aufbauelemente gelten" (DGQ-Schrift 11-04)

QMH Siehe QM-Handbuch

QM-Handbuch „Dokument, in dem das Qualitätsmanagementsystem einer Organisation festgelegt ist.
Anmerkung: QM-Handbücher können hinsichtlich Detaillierung und Format an die Größe und Komplexität einer einzelnen Organisation angepasst sein." (DIN EN ISO 9000:2000) siehe auch Management-Handbuch

Q

QM-Nachweisdokument „Tätigkeitsbezogene Qualitätsaufzeichnung zur Darlegung der Qualitätsfähigkeit von QM-Elementen, die aufgrund einer Darlegungsforderung vorgelegt wird" (DGQ-Schrift 11-04)

QM-Plan „Dokument, das festlegt, welche Verfahren und zugehörigen Ressourcen wann und durch wen bezüglich eines spezifischen Projekts, Produkts, Prozesses oder Vertrages anzuwenden sind
Anmerkung 1: Diese Verfahren umfassen üblicherweise die Verfahren, die sich auf Qualitätsmanagementprozesse und auf Produktrealisierungsprozesse beziehen.
Anmerkung 2: Ein QM-Plan verweist häufig auf Teile des QM-Handbuches oder Verfahrensanweisungen.
Anmerkung 3: Ein QM-Plan ist üblicherweise eines der Ergebnisse der Qualitätsplanung." (DIN EN ISO 9000:2000)
Teil der Unternehmensplanung, die sich mit der Qualität von Produkten und den entsprechenden Prozessen beschäftigt. Ausgangspunkt sind dabei Kundenanforderungen und Kundenerwartungen.
Aufgaben der Qualitätsplanung sind z. B. Zielfestlegung, Planung von Prozessabläufen und Projekten, ...

QMS Qualitätsmanagementsystem, QM-System (siehe dort)

QM-System „Managementsystem zum Leiten und Lenken einer Organisation bezüglich der Qualität." (DIN EN ISO 9000:2000)
Gesamtheit der systematischen Vorgehensweise in einer Organisation; die Art und Weise, wie die Organisationsstruktur, Verfahren und Prozesse lenkt und Ressourcen einsetzt, um Qualität (Produkt/Prozess) zu erzielen.

QM-Vereinbarung „Zwischen Auftraggeber und Lieferant bzw. Auftragnehmer formell geschlossene Vereinbarung zur Festlegung der Zuständigkeit für Aufgaben des Qualitätsmanagements vor und nach dem Gefahrübergang" (DGQ-Schrift 11-04)

QM-Verfahrensanweisung „Dokumentierte Festlegung eines Verfahrens, dessen Anwendungsergebnis die Qualität eines Angebotsprodukts beeinflusst" (DGQ-Schrift 11- 04)

QPD Quality Policy Deployment (Zielmanagementprozess zur Festlegung und Umsetzung qualitätsrelevanter Unternehmensziele in allen Funktionen und Ebenen)

QPP Qualitäts- und Prüfplan

QRK Qualitätsregelkarte (siehe dort)

QS Qualitätssicherung (siehe dort)

QS-9000 Forderungskatalog der Automobilbauer in den USA; Ausgangspunkt bilden die drei Großen GM., Ford, Chrysler.
Die Forderungen beziehen sich auf das (nach QS-9000 zertifizierbare) Qualitätsmanagement für einen Zulieferer in Anlehnung an die ISO 9001. Die Forderungen gehen weit darüber hinaus.

QSA Qualitätssicherungsanweisung

QSC Quality Steering Committee (Qualitätslenkungsgruppe)

QSE Qualitätssicherungselement (siehe „QM-Element")

QSM Qualitätssicherungsmanagement

Qualifikation „nachgewiesene Fähigkeit, Wissen und Fertigkeiten anzuwenden." (DIN EN ISO 9000:2000)

Qualifikationsprüfung „Feststellen, ob eine entsprechende Qualifikation vorliegt" (DGQ-Schrift 11-04)

Qualifiziert Status einer Einheit nach dem Nachweis ihrer Fähigkeit zur Erfüllung der festgelegten Qualitätsforderung

Qualifizierungsprozess „Prozess zur Darlegung der Fähigkeit, festgelegte Anforderungen zu erfüllen.
Anmerkung 1: Die Benennung „qualifiziert" wird zur Bezeichnung des entsprechenden Status verwendet.
Anmerkung 2: Qualifizierung kann Personen, Produkte, Prozesse oder Systeme betreffen.
Beispiele: Auditor-Qualifizierungsprozess, Werkstoff-Qualifizierungsprozess." (DIN EN ISO 9000:2000)

Qualitatives Merkmal „Merkmal, dessen Werte einer Skala zugeordnet sind, auf der keine Abstände definiert sind" (DGQ-Schrift 11-04)

Qualität Gesamtheit von Merkmalen einer Einheit, die in unmittelbarem Zusammenhang stehen, mit ihrer Eignung, festgelegte Forderungen und vorausgesetzte Erfordernisse zu erfüllen.
„Grad, in dem ein Satz inhärenter Merkmale Anforderungen erfüllt.
Anmerkung 1: Die Benennung „Qualität" kann zusammen mit Adjektiven wie schlecht, gut oder ausgezeichnet verwendet werden.
Anmerkung 2: „Inhärent" bedeutet im Gegensatz zu

Q

„zugeordnet" „einer Einheit innewohnend", insbesondere als ständiges Merkmal." (DIN EN ISO 9000:2000)
Der Werkstoff, die Schraubenwindung, etc. stellt beispielsweise ein inhärentes Merkmal dar. Der Preis hingegen kann unabhängig vom Produkt „Schraube" festgelegt werden, ohne die Eigenschaften für den Gebrauch der Schraube zu ändern, und stellt damit kein inhärentes Merkmal dar.
Qualität ist ein subjektiver Begriff. Ausgangspunkt der Qualität sind die Kundenanforderungen und Kundenerwartungen. Gesetzliche, behördliche oder sonstige Anforderungen stellen die Rahmenbedingungen auf.
Das Wort Qualität, das im 16. Jahrhundert entstanden ist, leitet sich vom lateinischen „qualis", d. h. „wie beschaffen?" ab.

Qualitätsauditarten Audits können eingeteilt werden in:
Interne Audits und externe Audits (Lieferantenaudits, Zertifizierungsaudits)
oder in
Auditarten gemäß den Auditzielsetzungen:
Systemaudit
Prozessaudit
Verfahrensaudit
Produktaudit
Performanceaudit
Complianceaudit
(siehe jeweils dort)

Qualitätsaudit-Feststellung siehe Auditfeststellung

Qualitätsauditor siehe Auditor

Qualitätsaufzeichnung „Dokument, das Ergebnisse von Qualitätsprüfungen an einer Tätigkeit oder an einem Produkt enthält, eingeschlossen Zwischenprodukte" (DGQ-Schrift 11-04)
Eine Qualitätsaufzeichnung bezeichnet oder beschreibt einen Ist-Zustand, der sich – vom Zeitpunkt des Schreibens aus betrachtet – aus der Vergangenheit ergibt, die nicht mehr abgeändert werden kann. Die Qualitätsaufzeichnung kann daher keinen Revisionsstand ausweisen.
Qualitätsaufzeichnungen können z. B. ausgefüllte Checklisten und Formulare, Berichte, Statistiken, Lieferscheine aber auch EDV-Dateien sein.

Sie dienen zur Nachweisführung (z. B. aus Gründen der Know-how-Sicherung, Nachweisführung im Rahmen der Produkthaftung, etc.)

Qualitätsbewertung siehe Bewertung

Qualitätsbezogene Kosten Auch Qualitätskosten Qualitätskosten dienen zur Sichtbarmachung von Verschwendungen und Verbesserungsmöglichkeiten in den Prozessen und setzen sich aus den Kosten der Vorbeugung, der Prüfungen und der Qualitätsabweichungen zusammen. Es existieren unterschiedliche Modelle, die Qualitätskosten in betriebswirtschaftliche Systeme einzubinden. Bekannt sind:

• das klassische Qualitätskostenprogramm, das die Qualitätskosten in die Kostenarten Fehlerverhütungs-, Prüf- und Fehlerkosten einteilt, und

• das Crosby-Modell, das Qualitätskosten einteilt in Kosten der Übereinstimmung und Kosten der Abweichung.

Im modernen Qualitätscontrolling übernimmt die Prozesskostenrechnung zunehmend die Messung, Analyse und weitere Steuerung der qualitätsrelevanten Prozesse. Die auftretenden Kosten, auch die „klassischen" Qualitätskosten wie Ausschuss, Nacharbeit etc. werden darin mit erfasst.

Qualitätsbezogenes Dokument „Dokument mit einer Anweisung für eine Tätigkeit des Qualitätsmanagements oder mit einer Qualitätsforderung an ein Produkt oder mit Aufzeichnungen über die jeweiligen Ergebnisse der Qualitätsprüfungen" (DGQ-Schrift 11-04)

Qualitätsbezogene Dokumente sind zukunftsbezogen. D. h. sie beschreiben qualitätsrelevante Tätigkeiten oder Sachverhalte, die im Augenblick und/oder zukünftig gemäß dem vorliegenden Dokument nachvollzogen werden müssen. Ein qualitätsbezogenes Dokument kann abgeändert werden und bedarf eines Revisionsstandes.

Dokumente sind z. B. das QM-Handbuch, Verfahrensanweisungen, QM-Listen, Arbeits- und Prüfanweisungen oder Normen, Vorschriften und Gesetze (so genannte übergeordnete Dokumente) sowie Kundendokumente (z. B. Spezifikationen, Zeichnungen). Auch Formulare und Checklisten sind unausgefüllt Dokumente, die aber nach Beschrei-

Q

ben zur Qualitätsaufzeichnung (siehe dort) werden können.

Dokumente haben Anweisungscharakter.

Qualitätsbezogene Verluste In Prozessen und bei Tätigkeiten durch nicht ausgeschöpfte verfügbare Mittel verursachte Verluste.

Beispiele: Verluste der Kundenzufriedenheit (Kunde); versäumte Gelegenheiten zu Wertsteigerungen für den Kunden, für die Organisation oder für die Gesellschaft, Vergeudung von Mitteln und Material.

Qualitätselement Teil eines Qualitätsmanagementsystems und Beitrag zur Qualität eines materiellen/immateriellen Produkts durch Ergebnisse aus einer Aktivität, Tätigkeit oder eines Prozesses in einer Planungs- oder Durchführungsphase.

Qualitätsfähiger Prozess „Eignung eines ordnungsgemäß abgegrenzten Prozesses zur Realisierung einer Einheit, die Qualitätsforderung an diese Einheit zu erfüllen" (DGQ-Schrift 11-04)

Qualitätsfähigkeit „Eignung einer Organisation oder ihrer Elemente zur Realisierung einer Einheit, die Qualitätsforderung an diese Einheit zu erfüllen " (DGQ-Schrift 11-04)

Qualitätsforderung siehe Anforderung

Qualitätsförderung Aktivitäten, Verfahren oder Prozesse, die zu einer höheren Qualität und einem besseren Qualitätsverständnis beitragen

Qualitätsforderungsdokument „QM-Verfahrensanweisung oder Produktspezifikation" (DGQ-Schrift 11-04)

Qualitätsforderungsvergleich „Anlässlich der Qualitätsplanung durchgeführter Vergleich, inwieweit die Qualitätsforderung an das eigene Angebotsprodukt dem Stand der Technik der Mitbewerber bzw. des Marktführers entspricht, und zwar im Hinblick auf die betrachtete Anspruchsklasse, die Technologie und die Qualitätstechnik" (DGQ-Schrift 11-04)

Qualitätskennzahl „Relativer oder normierter Kennwert zur Beurteilung der Qualität, ermittelt entsprechend dem ausgewählten Qualitätskennzahlensystem" (DGQ-Schrift 11-04)

Qualitätskontrolle Häufig verwendeter Begriff für Prüftätigkeiten im Qualitätswesen. Im deutschen Normengebrauch ist dieser Begriff nicht definiert. Qualitätskontrolle wird fälschlicherweise als Synonym für Qualitätssicherung, manchmal als Synonym für Qualitätsmanagement verwendet. Auch in der Normenwelt wird von der Benutzung dieses Begriffs abgeraten.

Qualitätskostendaten „Daten über Festlegungen und Ermittlungsergebnisse zu qualitätsbezogenen Kosten" (DGQ-Schrift 11-04)

Qualitätskreis Begriffsmodell, das die zusammenwirkenden Tätigkeiten enthält, welche die Qualität beeinflussen. Ausgangspunkt ist Feststellung der Erfordernisse, Endpunkt ist die Feststellung, ob diese Erfordernisse erfüllt worden sind.

Qualitätslage „Qualitätskennzahl, gewonnen durch Vergleich der ermittelten Merkmalswerte mit der betreffenden Qualitätsforderung" (DGQ-Schrift 11-04)

Qualitätslenkung „Teil des Qualitätsmanagements, der auf die Erfüllung von Qualitätsanforderungen gerichtet ist." (DIN EN ISO 9000:2000)

Qualitätsmanagement „Aufeinander abgestimmte Tätigkeiten zum Leiten und Lenken einer Organisation bezüglich Qualität.

Anmerkung: Leiten und Lenken bezüglich Qualität umfassen üblicherweise das Festlegen der Qualitätspolitik und der Qualitätsziele, die Qualitätsplanung, die Qualitätslenkung, die Qualitätssicherung und die Qualitätsverbesserung." (DIN EN ISO 9000:2000)

Alle Aktivitäten und Maßnahmen eines Unternehmens und/oder einer Organisation, die im Rahmen einer Qualitätspolitik die Ziele und Verantwortlichkeiten festlegen, um die Kundenforderungen in ausreichendem Maße zufrieden zu stellen. Das Qualitätsmanagement umfasst dabei die Planung, Lenkung, Sicherung und Verbesserung unter Einsatz entsprechender Ressourcen wie Finanzen, Personal, Infrastruktur, Equipment, etc.

Qualitätsmanagement-Handbuch Siehe „QM-Handbuch"

Qualitätsmanagementplan Siehe „QM-Plan"

Qualitätsmanagementsystem siehe „QM-System"

Qualitätsmerkmal „Inhärentes Merkmal eines Produkts, Prozesses oder Systems, das sich auf eine Anforderung bezieht

Q

Anmerkung 1: Inhärent bedeutet „einer Einheit innewohnend", insbesondere als ständiges Merkmal.
Anmerkung 2: Ein einem Produkt, einem Prozess oder einem System zugeordnetes Merkmal (z. B. der Preis eines Produkts) stellt kein Qualitätsmerkmal dieses Produkts, Prozesses oder Systems dar." (DIN EN ISO 9000:2000) siehe auch unter „Qualität" sowie „Merkmal"

Qualitätsnachweis „Produktbezogene Qualitätsaufzeichnung, die als Nachweis darüber dient, dass die Qualitätsforderung an ein materielles, ein immaterielles oder ein kombiniertes Angebotsprodukt erfüllt ist" (DGQ-Schrift 11-04)

Qualitätsplanung „Teil des Qualitätsmanagements, der auf das Festlegen der Qualitätsziele und der notwendigen Ausführungsprozesse sowie der zugehörigen Ressourcen zur Erfüllung der Qualitätsziele gerichtet ist
Anmerkung: Das Erstellen von Qualitätsmanagementplänen kann Teil der Qualitätsplanung sein." (DIN EN ISO 9000:2000)

Qualitätsplanungsbedingtes Fehlprodukt „Fehlprodukt, bei dem zwar die Qualitätsforderung in der Fertigung oder Montage erfüllt worden ist, bei dem aber diese Forderung selbst angesichts der vom Kunden beabsichtigten Nutzung des Produkts nicht geeignet war" (DGQ-Schrift 11-04)

Qualitätspolitik „Übergeordnete Absichten und Ausrichtung einer Organisation zur Qualität, wie sie von der obersten Leitung formell ausgedrückt wurden
Anmerkung 1: Generell steht die Qualitätspolitik mit der übergeordneten Politik der Organisation in Einklang und bildet den Rahmen für die Festlegung von Qualitätszielen.
Anmerkung 2: Qualitätsmanagementgrundsätze dieser Internationalen Norm können als Grundlage für die Festlegung einer Qualitätspolitik dienen."
„Qualitätspolitik und Qualitätsziele werden aufgestellt, um Schwerpunkte für das Leiten der Organisation zu setzen. Beide legen die gewünschten Ergebnisse fest und unterstützen die Organisation dabei, ihre Ressourcen einzusetzen, um diese Ergebnisse zu erreichen. Die Qualitätspolitik bietet einen Rahmen für das Festlegen und Bewerten von Qualitätszielen. Die Qualitätsziele müssen mit der Qualitätspolitik und der Verpflichtung zu ständiger

Verbesserung im Einklang stehen, und ihr Erreichen muss messbar sein." (DIN EN ISO 9000:2000)

Qualitätsprüfung „Feststellen, inwieweit eine Einheit die Qualitätsforderung erfüllt" (DGQ-Schrift 11-04)

Qualitätsregelkarte Eines der sieben Qualitätswerkzeuge (siehe dort) (Q 7)
„Formblatt zur grafischen Darstellung von Einzelergebnissen, die bei der Prüfung an einer fortlaufenden Reihe von Stichproben anfallen und nach ihrer Eintragung zum Zweck der Qualitätslenkung mit Warn- und/oder Eingriffsgrenzen verglichen werden" (DGQ-Schrift 11-04)

Qualitätssicherung „Teil des Qualitätsmanagements, der auf das Erzeugen von Vertrauen darauf gerichtet ist, dass Qualitätsanforderungen erfüllt werden." (DIN EN ISO 9000:2000)
Die Qualitätssicherung umfasst alle geplanten und systematischen Tätigkeiten, die innerhalb des QM-Systems verwirklicht sind und gegebenenfalls dargelegt werden, um ausreichendes Vertrauen zu schaffen, dass eine Einheit die Qualitätsforderung erfüllen wird.

Qualitätsverbesserung „Teil des Qualitätsmanagements, der auf die Erhöhung der Fähigkeit zur Erfüllung der Qualitätsanforderungen gerichtet ist
Anmerkung: Die Anforderungen können jeden beliebigen Aspekt betreffen, wie Wirksamkeit, Effizienz oder Rückverfolgbarkeit." (DIN EN ISO 9000:2000)

Qualitätszahl „Anlässlich einer Variablenprüfung gewonnener Schätzwert zur Beschreibung der Verteilung von Ist-werten in Bezug auf einen Grenzwert, einen Abweichungsgrenzbetrag, einen Grenzbetrag oder ein Grenzquantil...
Als Qualitätszahl wird üblicherweise das Verhältnis des Grenzwertabstandes des Mittelwertes der Stichprobe zu deren Standardabweichung verwendet. Die Qualitätszahl hat demnach die Dimension 1." (DGQ-Schrift 11-04)

Qualitätsziel „Etwas bezüglich Qualität Angestrebtes oder zu Erreichendes
Anmerkung 1: Qualitätsziele beruhen im Allgemeinen auf der Qualitätspolitik der Organisation.
Anmerkung 2: Qualitätsziele werden im Allgemeinen für die zutreffenden Funktionsbereiche und Ebenen in der Organisation festgelegt."

Q

„Die Qualitätsziele müssen mit der Qualitätspolitik und der Verpflichtung zu ständiger Verbesserung im Einklang stehen, und ihr Erreichen muss messbar sein. Qualitätsziele zu erreichen, kann eine positive Wirkung auf die Qualität der Produkte, die Wirksamkeit der Betriebsabläufe und die finanzielle Leistung und somit auf die Zufriedenheit und das Vertrauen der interessierten Parteien haben." (DIN EN ISO 9000:2000)
Qualitätsziele stellen einen definierten Zustand in der Zukunft zu einem bestimmten Zeitpunkt dar. Sie sind so zu formulieren, dass ein unabhängiger Dritter objektiv über die Erreichbarkeit urteilen kann.
Zu jedem Ziel gehört mindestens der Zielinhalt, ein einziger Verantwortlicher, Termin (und ggf. Maßnahmen, Priorität und Ressourcen).

Qualitätszirkel Problemlösungsgruppen, Arbeitskreise zur Lösung qualitätsrelevanter Problemstellungen im Unternehmen. Methode zur Ermittlung der Ursache und Lösung eines Problems durch ein interdisziplinäres Team; Gruppe trifft sich nach Auftreten eines Fehlers

Quality Function Deployment Systematische interdisziplinäre Beteiligung für die Nachvollziehbarkeit und einheitliche „Sprachregelung" aller erfüllbaren, objektivierten und bewerteten Forderungen und Erwartungen der Kunden; die Darstellung erfolgt über ein Formular, wobei die Fragen „was", „wie" und „wie viel" in Form eines Hauses dargestellt sind; die QFD hat als Grundlage die „sieben Qualitätswerkzeuge"
QFD steht für eine Methode zur systematischen und umfassenden Produkt- und Qualitätsplanung mit konsequenter Orientierung an den Kundenwünschen als allerersten Schritt im Forschungs- und Entwicklungsansatz mit dem Ziel einer umfassenden Umsetzung von Kundenwünschen in Produkt- und Prozessmerkmale; Synonym: House of Quality.

Quantil „Wert, für den die Verteilungsfunktion einen vorgegebenen Wert p annimmt, oder bei dem sie von einem Wert unter oder gleich p auf einen Wert über p springt. Bei einem kontinuierlichen Merkmal: Merkmalswert, unter dem (diesen eingeschlossen) ein vorgegebener Anteil der Merkmalswerte einer Verteilung liegt" (DGQ-Schrift 11-04)

Quantitatives Merkmal „Merkmal, dessen Werte einer Skala zugeordnet sind, auf der Abstände definiert sind" (DGQ-Schrift 11-04)

Quick Setup Ausdruck in der Industrie: Schnelle Umrüstung der Maschinen

QV Qualitätsvorschrift

QW Qualitätswesen

QZ 1. Qualitätszirkel (siehe dort)

2. Qualität und Zuverlässigkeit (Fachzeitschrift, Hanser-Verlag); bekannteste Fachzeitschrift im Bereich des Qualitätsmanagements

Q

RAL Zusammenschluss von ca. 150 einzelnen Gütegemeinschaften zum RAL Deutsches Institut für Gütesicherung und Kennzeichnung;
Jede Gütegemeinschaft (zuständig für ein bestimmtes Produkt bzw. bestimmte Produktart) hat ein eigenständiges Zeichen mit dem verbindenden Element R-A-L; die Anwendung ist freiwillig

Rapid Setup Ausdruck in der Industrie: Schnelle Umrüstung der Maschinen

Reengineering Komplette Umgestaltung einer Organisation; Begriff ist in den letzten Jahren zur ‚Managementmode' geworden; wird auch in vielerlei Modifikationen verwendet, z. B. als Business Process Reengineering (BPR)

Referenzmaterial „Material oder Substanz mit Merkmalen, deren Werte für das Kalibrieren, für die Beurteilung eines Messverfahrens oder für die quantitative Ermittlung von Merkmalswerten eines Materials mit ausreichender Genauigkeit und Zeitunabhängigkeit festlegen" (DGQ-Schrift 11-04)

Referenzverfahren „Festgelegtes Verfahren, mit dem eine Folge von Werten eines kontinuierlichen Merkmals ermittelt wird, die durch Vereinbarung Geltung besitzt" (DGQ-Schrift 11-04)

Relationendiagramm Qualitätstechnik; eines der sieben Managementwerkzeuge (siehe dort); auch Beziehungsdiagramm genannt;
Einsatzspektrum im Bereich der Ursachenfindung, im Anschluss an ein Brainstorming und Affinitätsdiagramm. Hilft die treibenden Kräfte und Hauptursachen sowie die hauptsächlichen Ergebnisfaktoren und Wirk-/Zielpunkte zu erkennen. Dabei können netzartige Ursache-Wirkungs-Beziehungen zwischen verschiedenen Gesichtspunkten einer Problemstellung herausgearbeitet, analysiert und näher klassifiziert werden. Lässt auch wechselseitige Wirkungen und Abhängigkeiten zwischen den Ursachen erkennen und darstellen. Basis für weitere Handlungen und den Einsatz weiterer Q-Werkzeuge und Tätigkeiten, um zu einer effektiven Lösung zu gelangen.

R

Reparatur „Maßnahme an einem fehlerhaften Produkt, damit es für den Verwendungszweck annehmbar ist
Anmerkung 1: Reparatur schließt Abhilfemaßnahmen ein,

die der Rückführung eines früher fehlerfreien, aber nunmehr fehlerhaften Produkts in einen gebrauchsfähigen Zustand dienen, z. B. als Teil der Instandhaltung.
Anmerkung 2: Im Unterschied zur Nacharbeit kann eine Reparatur Teile des fehlerhaften Produkts beeinflussen oder verändern." (DIN EN ISO 9000:2000)

Restrisiko Verbleibendes Potenzial, das die Sicherheit gefährdet

Review „Formelle Bewertung einer Einheit" (DGQ-Schrift 11-04)

Richtiger Wert Der Vergleichswert, bei dem die Abweichung vom wahren Wert als vernachlässigbar klein betrachtet werden kann.

Richtwert „Wert eines quantitativen Merkmals, dessen Einhaltung durch die Istwerte empfohlen wird, ohne dass Grenzwerte vorgegeben sind" (DGQ-Schrift 11-04)

Risiko Zusammenfassung der Bewertungsgröße für einen technischen Zustand, Ereignis oder Vorgang, die gleichgewichtig durch die Wahrscheinlichkeit eines zum Schaden führenden Vorfalls und das im Ereignisfall zu erwartende Schadensausmaß bestimmt ist

Rote-Karten-Aktion Aktivität, die im Rahmen der 5-A-Kampagne durch Kennzeichnen von nötigen und unnötigen Dingen das Aussortieren erleichtert; die Rote-Karten-Aktion kann statt mit Karten auch mit Hilfe von Klebepunkten, Sprühfarben etc. durchgeführt werden.
Rot bedeutet: wird nicht mehr gebraucht; Gelb bedeutet: scheint nicht mehr gebraucht zu werden; anschließend genaue Argumentation für die weitere Aufbewahrung, ansonsten wird auch der gelb markierte Artikel aussortiert

RQL Rejectable Quality Level (zurückweisbare Qualitätsstufe); frühere Bezeichnung für LQ (siehe dort)

Rückverfolgbarkeit „Fähigkeit, den Werdegang, die Verwendung oder den Ort des Betrachteten zu verfolgen.
Anmerkung 1: Bei einem Produkt kann sich Rückverfolgbarkeit beziehen auf:
• die Herkunft von Werkstoffen und Teilen,
• den Ablauf der Verarbeitung, und
• die Verteilung und Position des Produkts nach Auslieferung.
Anmerkung 2: Im Bereich der Metrologie stellt die Defini-

tion im VIM, Abschnitt 6.10, die akzeptierte Definition dar." (DIN EN ISO 9000:2000)

Rückweisewahrscheinlichkeit „Wahrscheinlichkeit, mit der ein Prüflos aufgrund einer Stichprobenanweisung rückgewiesen wird" (DGQ-Schrift 11-04)

Rückweisung „Feststellung, dass die Kriterien für die Annehmbarkeit des Prüfloses nicht erfüllt sind" (DGQ-Schrift 11-04)

RVM Rechnerunterstützte Versuchsmethodik

R

sachbezogener Ansatz „Sachbezogener Ansatz zur Entscheidungsfindung:
Wirksame Entscheidungen beruhen auf der Analyse von Daten und Informationen." (DIN EN ISO 9000:2000)
Einer der acht Grundsätze des Qualitätsmanagements (siehe dort), die von der obersten Leitung benutzt werden können, um die Leistungsfähigkeit der Organisation zu verbessern.

Sachkundiger Über Fachkenntnisse auf einem Gebiet verfügende Person, z. B. im Audit:
„Person, die spezielle Kenntnisse oder Fachwissen zu einem zu auditierenden Sachgebiet zur Verfügung stellt.
Anmerkung 1: Spezielle Kenntnisse oder Fachwissen enthalten sowohl Kenntnisse oder Fachwissen über die Organisation, den Prozess oder die zu auditierende Tätigkeit als auch sprachliche oder kulturelle Beratung.
Anmerkung 2: Ein Sachkundiger handelt nicht als Auditor des Auditteams." (DIN EN ISO 9000:2000)

SAQ Schweizerische Arbeitsgemeinschaft für Qualitätssicherung

Sarashikubi Japanischer Ausdruck; beschreibt die Sichtbarmachung von Ausschuss im Betrieb

SCC Sicherheits-Certifikat für Contractoren
Englisch: Safety certification for contractors
Kern ist eine umfassende Checkliste mit Sicherheitsthemen. Während eines Sicherheitsaudit mit Hilfe dieser Checkliste wird eine bepunktete Bewertung durchgeführt.

Schätzfunktion „Kenngröße zur Schätzung eines Parameters" (DGQ-Schrift 11-04)

Schlüsselprozess Prozesse eines Unternehmens, die wesentlich für den Unternehmenserfolg (mittel- und langfristig) sind.
Wichtige Faktoren sind: Wertschöpfung, Kundennutzen (direkt, zukünftig), eigenes Know-how. Entscheidend ist dabei die Frage „Was ist das Differenzierungsmerkmal, warum der Kunde bei mir und nicht bei meinem Mitbewerber kauft?, Welche Prozesse haben unmittelbar mit diesem Differenzierungsmerkmal zu tun?"
In vielen Fällen stimmen die in einem Unternehmen identifizierten Schlüsselprozesse mit den Kernprozessen (siehe dort) des Unternehmens überein. Jedoch können auch

S

Managementprozesse (z. B. der Personalentwicklungsprozess) oder Unterstützungsprozesse (z. B. der Akquisitions-
prozess) die entscheidenden Prozesse im Unternehmen
sein.

Selbstbewertung „Die Selbstbewertung einer Organisation
ist eine umfassende und systematische Bewertung der
Tätigkeiten und Ergebnisse der Organisation, die auf das
Qualitätsmanagementsystem oder ein Exzellenzmodell
bezogen werden. Selbstbewertung kann einen Gesamt-
überblick über die Leistung der Organisation und den Rei-
fegrad des Qualitätsmanagementsystems bereitstellen.
Sie kann auch helfen, Bereiche in der Organisation zu
erkennen, die Verbesserungen erfordern, und Prioritäten
festzulegen." (DIN EN ISO 9000:2000)
siehe auch unter „EFQM" und „Exzellencemodelle"

Selbsterklärung Formale Äußerung einer Organisation über
Unternehmenspolitik, Tätigkeiten, Standards etc.:
Werden z. B. im Rahmen von Lieferantenfähigkeitsnach-
weisen an Kunden ausgegeben;
siehe auch unter „Erstparteien-Audit"

Selbstprüfung Prüfung der Arbeit durch den Ausführenden
selbst nach festgelegten Vorgaben; die Ergebnisse von
Selbstprüfungen können zur Prozesslenkung verwendet
werden.

Shainin Technik der Versuchsplanung, benannt nach ihrem
Erfinder
Die Funktionalität eines Produkts oder eines Prozesses wird
durch verschiedene Einflussgrößen beeinflusst. Art und
Stärke der Beeinflussung sind meistens unbekannt. Um die
optimale Konfiguration für alle Parameter zu finden, müss-
ten alle Einstellungen in vielen Versuchen miteinander
kombiniert werden. Dies wird bei einem Vorgehen nach
Shainin durch das Paretoprinzip eingeschränkt. Die drei
wichtigsten Parameter werden nach der Stärke ihres Einflusses spezifisch bezeichnet. Ziel ist, diese Größen zu
finden und die entsprechende optimale Einstellung zu
ermitteln.

Shingo Japanisch für: Null-Fehler-Annäherung; Ausdruck aus
dem Kaizen

Shitsuke Japanisch für: Disziplin; Ausdruck aus dem Kaizen

Sicherheit Zustand, in dem das Risiko eines Personen- oder

Sachschadens auf einen annehmbaren Wert begrenzt ist, wobei die Sicherheit als einer der Aspekte der Qualität angesehen werden kann.

Sicherheitsabstand Der Abstand zwischen dem Bezugswert und einem festgelegten Grenzbetrag, bei dem die Sicherheit nicht mehr gewährleistet werden kann

Sicherheitsmanagement Alle Aktivitäten und Maßnahmen eines Unternehmens und/oder einer Organisation, die im Rahmen einer Sicherheitspolitik die Ziele und Verantwortlichkeiten festlegen, um die Arbeitssicherheit und Gesundheit der Mitarbeiter in ausreichendem Maße gewährleisten zu können. Das Sicherheitsmanagement umfasst dabei die Planung, Lenkung, Sicherung und Verbesserung unter Einsatz entsprechender Ressourcen wie Finanzen, Personal, Infrastruktur, Equipment, etc.

Sicherheitsmanagementsystem Gesamtheit der Organisationsstruktur, Verfahren, Prozesse und Ressourcen zur Verwirklichung des Sicherheitsmanagements.

Sichtprüfung „Konformitätsbewertung durch Beobachten und Beurteilen, begleitet – soweit zutreffend – durch Messen, Testen oder Vergleichen [ISO/IEC Leitfaden 2]" (DIN EN ISO 9000:2000)
siehe auch „Prüfung" und „Inspektion"

7 Kreativitätswerkzeuge Hilfsinstrumente, begleitend zu den 7 Qualitätswerkzeugen und 7 Managementwerkzeugen (siehe dort), zur Ideensuche. Jedes Werkzeug basiert auf einem anderen Prinzip:
Strukturbasis: Mind-Mapping
Abstraktionsbasis: Progressive Abstraktion
Zerlegungsbasis: Morphologischer Kasten
Anknüpfungsbasis: Methode 635
Verfremdungsbasis: Synthetik-Sitzung
Visuelle Konfrontationsbasis: Visuelle Synthetik
Konfrontation: Reizwort-Analyse

7 Managementwerkzeuge Zusammenstellung elementarer Qualitätswerkzeuge zur Unterstützung von Problemlösungsprozessen; vorwiegend Anwendung bei Verarbeitung von Informationen verbaler Art.
Unterschieden wird in
Phase der Datenanalyse:
Affinitätsdiagramm

S

Relationendiagramm
Phase der Lösungsfindung:
Baumdiagramm
Matrixdiagramm
Portfolio
Phase der Lösungsrealisierung:
Netzplan
Problem-Entscheidungsfindungs-Plan
(siehe jeweils dort)
7 Qualitätswerkzeuge Zusammenstellung elementarer
Qualitätswerkzeuge zur Unterstützung von Problem-
lösungsprozessen; vorwiegend Anwendung bei Verarbei-
tung von Zahlen.
Unterschieden wird in
Phase der Fehlererfassung:
Fehlersammelliste
Histogramm
Qualitätsregelkarte
Phase der Fehleranalyse:
Brainstorming
Korrelationsdiagramm
Paretodiagramm
Ursache-Wirkungs-Diagramm
(siehe jeweils dort)
Simultaneous Engineering Überschneidende Produktentwick-
lung, d.h. die Entwicklung verschiedener Einheiten von
einem einzigen Endprodukt erfolgt in verschiedenen Funk-
tionen, aber zu gleicher Zeit und in ständiger Kommunika-
tion der verschiedenen Funktionen zueinander
Software „Ergebnis eines Prozesses. ...
Software besteht aus Informationen, ist üblicherweise
immateriell und kann die Form von Herangehensweisen,
Transaktionen oder Verfahren aufweisen." (DIN EN ISO
9000:2000)
Sollwert „Wert eines quantitativen Merkmals, von dem die
Istwerte dieses Merkmals so wenig wie möglich abweichen
sollen" (DGQ-Schrift 11-04)
Sonderfreigabe „Erlaubnis, ein Produkt, das festgelegte An-
forderungen nicht erfüllt, zu gebrauchen oder freizugeben.
Anmerkung: Eine Sonderfreigabe ist üblicherweise auf die
Auslieferung eines Produkts beschränkt, das für einen ver-

einbarten Zeitraum oder eine vereinbarte Menge innerhalb festgelegter Grenzwerte fehlerhafte Merkmale hat." (DIN EN ISO 9000:2000)

Sortierprüfung „100 Prozent-Prüfung, bei der sämtliche gefundenen fehlerhaften Einheiten aussortiert werden" (DGQ-Schrift 11-04)

SP Selbstprüfung (siehe dort)

Spannweite „Größter Einzelistwert minus kleinster Einzelistwert" (DGQ-Schrift 11-04)

SPC Statistical Process Control (siehe Statistische Prozesslenkung")

Spezieller Prozess „Ein Prozess, bei dem die Konformität des dabei erzeugten Produkts nicht ohne weiteres oder nicht in wirtschaftlicher Weise verifiziert werden kann, wird häufig als „spezieller Prozess" bezeichnet."
(DIN EN ISO 9000:2000; Anmerkung 3 zur Definition von „Prozess")

Spezifikation „Dokument, das Anforderungen angibt. Anmerkung: Eine Spezifikation kann sich beziehen auf Tätigkeiten (z. B. Verfahrensdokument, Prozessspezifikation und Testspezifikation) oder auf Produkte (z. B. Produktspezifikation, Leistungsspezifikation und Zeichnung)." (DIN EN ISO 9000:2000)

SPI Strategic Planning Institutes (verantwortlich für die Durchführung der PIMS-Studie)

SQC Statistical Quality Control (statistische Qualitätskontrolle);
Planung, Lenkung und Überprüfung der Verfahren und Prozesse zur Erreichung der geforderten Qualitätsmerkmale durch Anwendung von statistisch ermittelten Daten und Methoden

SQI Service-Qualitätsindikatoren

SQRTF Supplier Quality Requirements Task Force; bestehend aus Repräsentanten der so genannten „Big Three" (Chrysler, Ford, GM); Verantwortlich für die Gestaltung der QS-9000 (siehe auch „IATF")

SQS Schweizerische Vereinigung für Qualitätssicherungszertifikate

STANAG Standardization Agreement

Standard Ein Standard beschreibt in verständlicher Form eine Vorgehensweise, einen Zustand oder eine Anforde-

S

rung; häufig ist ein Standard als Regel, Vorschrift, Kriterium, Norm etc. definiert.

Standardabweichung Ausdruck aus der Statistik; positive Quadratwurzel aus der Varianz

Standardisierung Anwendung eines Standards auf eine Aktivität.

Eine Standardisierung hilft den optimalen, oftmals einfachsten und sichersten Weg zur Ausführung einer Aktivität festzulegen.

Ständige Verbesserung „Wiederkehrende Tätigkeiten zum Erhöhen der Fähigkeit, Anforderungen zu erfüllen.

Anmerkung: Der Prozess des Festlegens von Zielen und des Findens von Verbesserungsmöglichkeiten ist ein ständiger Prozess durch den Gebrauch von Auditfeststellungen und Auditschlussfolgerungen, Datenanalyse, Bewertungen durch die Leitung oder anderen Mitteln und führt üblicherweise zu Korrekturmaßnahmen oder Vorbeugungsmaßnahmen." (DIN EN ISO 9000:2000)

Einer der acht Grundsätze des Qualitätsmanagements (siehe dort), die von der obersten Leitung benutzt werden können, um die Leistungsfähigkeit der Organisation zu verbessern.

Statistische Methoden Der Gebrauch statistischer Methoden ist in der DIN EN ISO 9001:2000 im Kapitel 8. Messung, Analyse und Verbesserung integriert.

„Der Gebrauch statistischer Methoden kann zum Verständnis der Streuung beitragen und damit Organisationen helfen, Probleme zu lösen und die Wirksamkeit und Effizienz zu verbessern. Diese Methoden ermöglichen auch eine bessere Nutzung der verfügbaren Daten als Entscheidungshilfe. Streuung lässt sich bei vielen Tätigkeiten in deren Verhalten und Ergebnis beobachten, selbst im Zustand augenscheinlicher Stabilität. Diese Streuung lässt sich in messbaren Merkmalen von Produkten und Prozessen feststellen und kann in mehreren Stufen über den Lebenszyklus eines Produkts hinweg von der Marktforschung bis zum Kundendienst und der Entsorgung vorhanden sein. Statistische Methoden ermöglichen selbst bei einer relativ geringen Datenmenge das Messen, Beschreiben, Analysieren, Interpretieren und Modellieren solcher Streuungen. Die statistische Analyse solcher Daten ermöglicht ein besseres Verständnis der Beschaffenheit, des Umfangs und der Ursachen von Streuung und kann somit bei der Lösung und sogar bei der Verhinderung von streuungsbedingten Problemen helfen und die ständige Verbesserung fördern." (DIN EN ISO 9000:2000)

Statistische Prozesslenkung Mit Hilfe von statistisch ermittelten Daten und statistischen Verfahren durchgeführte Lenkung der Prozesse, um die geforderte Qualität einzuhalten.

Statistische Qualitätsprüfung Qualitätsprüfung, bei der statistische Methoden angewendet werden

Statistischer Anteilsbereich „Aus Stichprobenergebnissen berechneter Schätzbereich, der mindestens den festgelegten Anteil der Wahrscheinlichkeitsverteilung auf dem vorgegebenen Vertrauensniveau einschließt" (DGQ-Schrift 11-04)

Statistischer Test Unter festgelegten Voraussetzungen geltendes Prüfverfahren, um aufgrund von Stichprobenergebnissen festzustellen, ob die unbekannte wahre Wahrscheinlichkeitsverteilung zur Nullhypothese oder zur Alternativhypothese gehört

Statistische Versuchsplanung Derjenige Teil der Versuchsplanung, bei dem statistische Verfahren eingesetzt werden; Folgende Prinzipien sind Basis:
Vergleichbarkeit und Verallgemeinerungsfähigkeit
Wiederholung
Randomisierung (zufällige Anordnung der Versuche)
Blockbildung

STCA-Kreislauf Standardisieren, Tun, Checken, Aktion; Kreislauf zur Einführung und Stabilisierung von Standards; Zusätzlich mit dem PDCA (siehe dort) bildet der STCA-Kreislauf das Prinzip der ständigen Verbesserung

STEPS Stetige Produktivitätssteigerung; Teil des TQM-Konzepts

Stichprobe „Eine oder mehrere Einheiten, die aus der Grundgesamtheit oder aus Teilgesamtheiten entnommen sind" (DGQ-Schrift 11-04)

Stichprobenanweisung „Anweisung über den Umfang der zu entnehmenden Stichprobe sowie über die Kriterien für die Feststellung der Annehmbarkeit des Prüfloses" (DGQ-Schrift 11-04)

S

Stichprobenplan Auflistung von Stichprobenanweisungen nach übergeordneten Gesichtspunkten, die sich aus dem Stichprobensystem ergeben, stellt die Vorgaben und Regeln für die Anwendung der Stichprobenprüfungen zusammen

Stichprobenumfang Anzahl der Auswahleinheiten in der Stichprobe

Stichprobenvarianz „Summe der quadrierten Abweichungen der Istwerte von ihrem arithmetischen Mittelwert dividiert durch die um eins verminderte Anzahl der Istwerte" (DGQ-Schrift 11-04)

Störung „Fehlende, fehlerhafte oder unvollständige Erfüllung einer geforderten Funktion durch die Einheit" (DGQ-Schrift 11-04)

Streudiagramme Grafische Darstellung des Zusammenhangs zwischen zwei Faktoren bzw. Werten

Streugrenze „Obere und untere Grenze des Zufallsstreubereichs" (DGQ-Schrift 11-04)

Streuung „Qualitative Bezeichnung für das Abweichungsverhalten von Merkmalswerten" (DGQ-Schrift 11-04)

Striving for Excellence Streben nach Spitzenleistung der eigenen Aktivitäten, Angebotsprodukte und Ergebnisse

Striving for Leadership „Anstreben qualitätsbezogener Führerschaft mit den eigenen Angebotsprodukten" (DGQ-Schrift 11-04)

STVM Statistische Versuchsmethodik (siehe „Shainin" und „Taguchi")

Supportprozess Siehe „Unterstützungsprozesse"

SVP Statistische Versuchsplanung (siehe dort)

System „Satz von in Wechselbeziehung oder Wechselwirkung stehenden Elementen." (DIN EN ISO 9000:2000) siehe auch „Managementsystem" und „QM-System"

Systematische Messabweichung „Bestandteil der Messabweichung, der im Verlauf mehrerer Einzelergebnisse konstant bleibt oder sich gesetzmäßig (nicht zufällig) ändert" (DGQ-Schrift 11-04)

Systematische Probenahme Probenahme, bei der die Auswahleinheiten auf Basis einer systematischen Auswahlmethode in die Stichprobe gelangen

Systemaudit Audit (siehe dort) zur Überprüfung des Managementsystems, ob die Anforderungen und Vorgaben an das

Managementsystem eingehalten werden und ob das Managementsystem effektiv umgesetzt wird. Das Systemaudit hat ursprünglich Prüfcharakter, nimmt in der Gegenwart jedoch immer mehr einen Problemlösungscharakter an.

Systemorientierter Managementansatz „Erkennen, Verstehen, Leiten und Lenken von miteinander in Wechselbeziehung stehenden Prozessen als System tragen zur Wirksamkeit und Effizienz der Organisation beim Erreichen ihrer Ziele bei." (DIN EN ISO 9000:2000)
Einer der acht Grundsätze des Qualitätsmanagements (siehe dort).

S

Taguchi Technik der Versuchsplanung ; Erweiterung des Shainin-Verfahrens (siehe dort);
Prinzip der Streuungsminimierung; die Taguchi-Methodik trennt die einstellbaren Einflussgrößen in Steuer- und Signalfaktoren. Die Steuerfaktoren sind die Einstellfaktoren, die stark auf die Varianz der Zielgröße wirken, die Signalfaktoren sind die Einstellfaktoren, die stark auf den Erwartungswert der Zielgröße wirken.

Target Costing Art der Kostenplanung;
Ausgangsbasis des Target Costing ist der am Markt realisierbare Preis. Vom ermittelten Target Price ist der angestrebte Gewinn abzuziehen. Als Ergebnis erhält man die Zielkosten, welche für die Herstellung (ggf. auch für die Entwicklung) einzuhalten sind.
Target Costing geht davon aus, dass 70% der Kosten einschließlich der Entwicklung beeinflussbar sind, wobei die Kostenbeeinflussung mit zunehmender Konkretisierung der Auftragsabwicklung abnimmt.

TBF Time Between Failures (Ausfallabstand);
Zeit zwischen den zwei aufeinander folgenden Ereignissen, bei dem die Funktionsfähigkeit einer materiellen (im Rahmen der zugelassenen) Beanspruchung beendet wird.

TBH Technisches Betriebshandbuch

TC Technical Committee der internationalen Standardisierungsorganisation ISO; Gruppen, die innerhalb der ISO verantwortlich für die Erarbeitung und Weiterentwicklung von international anerkannten Standards sind.
(Siehe auch „ISO/TC 176")

TCS Total Customers Satisfaction (Umfassende Kundenzufriedenheit);
Kundenzufriedenheit in allen Bereichen, also bezüglich Produktqualität, Servicequalität, Kommunikationsqualität und Kontaktqualität

TDC Total Delivery Control (Umfassende Lieferkontrolle);
Umfassendes Qualitätssicherungskonzept für die ordnungsgemäße und effiziente Abwicklung von Lieferungen

TE Begriff aus dem QS-9000-Umfeld: Tooling and Equipment

Technische Regeln Dieser Begriff umfasst nicht nur die als Regeln der Technik bezeichneten Werke, sondern darüber

T

hinaus Richtlinien, Normen, Anleitungen, Vorschriften, Arbeits- und Merkblätter. Sie haben im Umweltschutz im Allgemeinen eine große Nähe zur Rechtsordnung und zu Verwaltungsvorschriften. Konkret gibt es nationale Technische Regeln für Luftreinhaltung, Wasser/Abwasser, Lärm/Erschütterungen, Boden/Bodenschutz, Abfall und produktorientierte Normung. Die auf diesem Feld in Deutschland bedeutsamsten Institutionen sind das Deutsche Institut für Normung (DIN) sowie der Verein Deutscher Ingenieure (VDI).

Teilgesamtheit „Teil einer Grundgesamtheit" (DGQ-Schrift 11-04)

Teilprozess Begriff für die Dimension unterhalb des ersten Abstraktionsgrades eines Prozesses in vertikaler Richtung; ein Teilprozess beschreibt die untergeordnete Abfolge des übergeordneten Hauptprozesses (siehe dort).
Z. B. kann die Arbeitsvorbereitung ein umfangreicher Teilprozess (mit wiederum vielen darunter ablaufenden Teil-Teilprozessen, etc.) des Hauptprozesses „Entwicklungsprozess" sein.
Unterschieden werden muss die Einteilung der Haupt- bzw. Teilprozesse von den Prozessarten (z. B. Management-, Kern-, Unterstützungsprozesse; siehe jeweils dort), die eine horizontale Einteilung ermöglichen.
Ein Teilprozess kann von jeder beliebigen Art sein.

TES Begriff aus dem QS-9000-Umfeld: Tooling and Equipment Suppliers

Test „Ermitteln eines oder mehrerer Merkmale nach einem Verfahren." (DIN EN ISO 9000:2000)
Ermittlung gemäß einem festgelegten Verfahren.
Qualitätsprüfung unter dem Aspekt einer speziellen Zielsetzung.
In EN 45020:1998 ist „Test" mit „Prüfung" übersetzt.

TGA Trägergemeinschaft für Akkreditierung
Körperschaft zur Akkreditierung von Zertifizierungsgesellschaften

Time to Market Zeitspanne von der ersten Idee eines Produkts über die Entwicklung hinweg bis zur ersten Platzierung des Produkts im Markt

TL 9000 Spezifischer Anforderungskatalog der Telekommunikation

Toleranz „Höchstwert minus Mindestwert, und gleichbedeutend obere Grenzabweichung minus untere Grenzabweichung" (DGQ-Schrift 11-04)

Toleranzbereich „Bereich zugelassener Werte zwischen Mindestwert und Höchstwert" (DGQ-Schrift 11-04)

Total Productive Maintenance Umfassende vorbeugende Instandhaltung – in Japan als Maßnahme zur Erhaltung von Maschinen und Anlagen durch die Anlagenbediener eingesetzt; dabei wird jedem Bediener die Verantwortlichkeit für seine Maschine bzw. Anlage übertragen; eine bestimmte Zeit (z. B. eine Stunde) wird ihm zugestanden, die er für die Wartung seiner Maschinen nutzen kann; deshalb strebt der Mitarbeiter an, dass alle Maschinen ordnungsgemäß funktionieren.

TQC 1. Total Quality Culture (Totale Qualitätskultur) Unternehmenskultur, in der alle Mitarbeiter den Qualitätsgedanken in höchster Ausprägung leben.
2. Total Quality Control (Umfassende Qualitätssteuerung); Teil des TQM-Konzeptes

TQL Total Quality Logistics (Umfassende Qualitätslogistik); Bezeichnung für alle logistischen Abläufe eines Unternehmens mit Ausrichtung auf die Erfüllung aller Qualitätsanforderungen

TQM Total Quality Management (Umfassendes Qualitätsmanagement);
Im Mittelpunkt des TQM stehen:
• Kundenfokus
• Einbeziehung aller Mitarbeiter und Unternehmensbereiche
• Prozessorientierung
• Ergebnisorientierung.
Der Qualitätsgedanke muss sich in allen Funktionen und Hierarchieebenen und in allen Prozessen widerspiegeln. Basis ist dabei das umfassende Denken. TQM beinhaltet die Qualität der Arbeit, der Prozesse und des Unternehmens. Die Produktqualität ist eine Selbstverständlichkeit. TQM hebt die Führungsaufgabe als wesentlichen Qualitätsfaktor im Unternehmen hervor.

TQP Teilequalitätsplan

TQT Total Quality Thinking (Umfassendes Qualitätsdenken); Konzept für eine Unternehmenskultur, die den Qualitäts-

T

gedanken bei allen Aktivitäten in allen Funktionen und
Ebenen in den Vordergrund stellt.

Trennvermögen   Die Kurven bzw. Kennlinie der Operationscharakteristiken (siehe „Operationscharakteristik") haben
verschiedene Verlaufsformen (je nach Kombination Stichprobengröße, Annahmezahl). Das Maß für die Steilheit
bzw. Verlaufsform einer Kurve wird durch das so genannte
Trennvermögen ausgedrückt (siehe auch „Bewertungsschärfe")

TS 16949   Technische Spezifikation im Automotivbereich.
„Harmonisierungsdokument" im Rahmen des inhaltlichen
Abgleichs von QS-9000 und VDA 6.1 in Hauptverantwor-
tung der IATF (siehe dort)

TÜV   Technischer Überwachungsverein

TÜV-Cert e.V.   Vereinigung aller Zertifizierungsgesellschaften
der TÜV

TÜV Management Service GmbH   Zertifizierungsgesellschaft
für Management-Systeme des TÜV Süddeutschland

TÜV Product Service GmbH   Zertifizierungsgesellschaft für
Produkte des TÜV Süddeutschland

Typprüfung   „Qualifikationsprüfung an einem Produkt"
(DGQ-Schrift 11-04)

Überprüfung Siehe „Prüfung" und „Inspektion"

Überwachung Während die Messung auf dem Messvorgang selbst beruht (Messung von Merkmalen) und die Prüfung den Messvorgang mit anschließender Vergleichstätigkeit gegenüber Vorgaben beschreibt, handelt es sich bei der Überwachung ausschließlich um eine Vergleichstätigkeit gegenüber Vorgaben.

Umfassendes Qualitätsmanagement Managementkonzept einer Organisation, das auf die Mitwirkung aller Mitglieder abzielt und die Qualität in den Mittelpunkt aller Aktivitäten stellt: Ziel ist die ständige Erhöhung der Kundenzufriedenheit und dadurch die Sicherstellung des langfristigen Geschäftserfolgs sowie der Nutzen für alle Mitglieder der Organisation und der Gesellschaft.

„Alle Mitglieder" bedeutet dabei jegliches Personal in allen Stellen und Hierarchie-Ebenen der Organisationsstruktur. Der Begriff Qualität bezieht sich beim umfassenden Qualitätsmanagement auf das Erreichen aller geschäftlichen Ziele.

Das umfassende Qualitätsmanagement ist auch unter dem Titel Total Quality Management (TQM) oder CWQC (Company-Wide Quality Control) bekannt (siehe auch dort).

UMS Umweltmanagementsystem

Umweltmanagement Alle Aktivitäten und Maßnahmen eines Unternehmens und/oder einer Organisation, die im Rahmen einer Umweltpolitik die Ziele und Verantwortlichkeiten festlegen, um die ständige Verbesserung der umweltbezogenen Leistung in ausreichendem Maße zufrieden zu stellen. Das Umweltmanagement umfasst dabei die Planung, Lenkung, Sicherung und Verbesserung unter Einsatz entsprechender Ressourcen wie Finanzen, Personal, Infrastruktur, Equipment, etc.

Umweltmanagementsystem Allgemein: Gesamtheit der Organisationsstruktur, Verfahren, Prozesse und Ressourcen zur Verwirklichung des Umweltmanagements

„Der Teil des gesamten übergreifenden Managementsystems, der die Organisationsstruktur, Zuständigkeiten, förmlichen Verfahren, Abläufe und Mittel für die Festlegung und Durchführung der Umweltpolitik einschließt." (EG-Öko-Audit-Verordnung)

Unklardauer „Intervall der Anwendungsdauer ab dem Aus-

U

125

fallzeitpunkt, bis die Funktionsfähigkeit der instand zu setzenden Einheit wiederhergestellt ist" (DGQ-Schrift 11-04)

Unterauftragnehmer Organisation, die dem Lieferanten ein Produkt bereitstellt; im Englischen wird der Unterauftragnehmer (subcontractor) auch „sub-supplier" genannt.

Untere Grenzabweichung „Mindestwert minus Bezugswert" (DGQ-Schrift 11-04)

Unterstützungsprozesse Name für eine mögliche Prozessart. Unterstützungsprozesse leiten sich aus den internen Prozessen eines Unternehmens ab. Folgende Aspekte zeichnen sie in der Regel aus:

- der interne Kunde steht am Anfang und am Ende des Prozesses,
- stellt Güter, Dienstleistungen oder Information für Managementprozesse und Kernprozesse zur Verfügung, und ermöglicht diese,
- keine direkte Kundenauswirkung

Beispiele: Instandhaltungsprozess in einem Chemieunternehmen; Fakturierungsprozess; etc.

Untersuchung 1. genaue Betrachtung, Analyse zur Erkenntnisgewinnung

2. Kontrolle, Prüfung

3. Ermittlung eines Zustandes einer Einheit untersuchungsbezogene Begriffe laut DIN EN ISO 9000:2000 (siehe hierzu jeweils aufgeführte Begriffsdefinition):
Ermittlung, Bewertung, Prüfung, Test, Objektiver Nachweis, Verifizierung, Validierung.

Ursache-Wirkungs-Diagramm Deutscher Begriff für: Ishikawa-Diagramm (siehe dort)

Validierung „Bestätigung durch Bereitstellung eines objektiven Nachweises, dass die Anforderungen für einen spezifischen beabsichtigten Gebrauch oder eine spezifische beabsichtigte Anwendung erfüllt worden sind
Anmerkung 1: Die Benennung „validiert" wird zur Bezeichnung des entsprechenden Status verwendet.
Anmerkung 2: Die Anwendungsbedingungen für Validierung können echt oder simuliert sein."
(DIN EN ISO 9000:2000)

Value Analysis Wertanalyse (siehe dort)

Variablenprüfung „Annahmestichprobenprüfung, bei der anhand der an den Stichprobeneinheiten ermittelten Istwerte die Annehmbarkeit des Prüfloses festgestellt wird" (DGQ-Schrift 11-04)

Varianz „Erwartungswert des Quadrats der zentrierten Zufallsgröße" (DGQ-Schrift 11-04)

VDE Verein Deutscher Elektrotechniker;
Verein unterhält das für das VDE-Zeichen zuständige Prüf- und Zertifizierungsinstitut. Das Zertifizierungssystem umfasst alle Arten elektrotechnischer und elektronischer Erzeugnisse, wenn hierfür VDE-Bestimmungen vorliegen.

VDI Verein Deutscher Ingenieure

Verbesserungskreislauf Ausdruck aus dem Bereich der kontinuierlichen Verbesserung bzw. dem Kaizen;
Stellt den Zusammenhang zwischen Verbesserungen und Standardisierung dar (PTCA- und STCA-Kreislauf)

Verfahren „Festgelegte Art und Weise, eine Tätigkeit oder einen Prozess auszuführen.
Anmerkung 1: Verfahren können dokumentiert sein oder nicht.
Anmerkung 2: Wenn ein Verfahren dokumentiert ist, werden häufig Benennungen wie „schriftlich niedergelegtes Verfahren" oder „dokumentiertes Verfahren" verwendet. Das ein Verfahren beinhaltende Dokument kann als „Verfahrensdokument" bezeichnet werden."
(DIN EN ISO 9000:2000)

Verfahrensanweisung Dokumentation über die Vorgehensweise und Verantwortlichkeiten bestimmter Verfahren im Unternehmen; klärt Schnittstellen ab und legt Tätigkeiten fest.

V

Verfahrensaudit Audit (siehe dort) zur Überprüfung eines Verfahrens, ob geforderte Vorgaben eingehalten werden und ob das geforderte Ergebnis zuverlässig erreicht wird. Es hat Prüfcharakter.

Verfahrenstechnisches Produkt „Ergebnis eines Prozesses. Anmerkung: (...). Verfahrenstechnische Produkte sind üblicherweise materiell, wobei ihre Menge ein kontinuierliches Merkmal darstellt. Hardware und verfahrenstechnische Produkte werden häufig als Waren bezeichnet." (DIN EN ISO 9000:2000) siehe auch „Produkt"

Verifizierung „Bestätigung durch Bereitstellung eines objektiven Nachweises, dass festgelegte Anforderungen erfüllt worden sind. Anmerkung 1: Die Benennung „verifiziert" wird zur Bezeichnung des entsprechenden Status verwendet. Anmerkung 2: Bestätigungen können aus Tätigkeiten bestehen wie:
a) Ausführen alternativer Berechnungen;
b) Vergleichen einer neuen Entwicklungsspezifikation mit einer bereits bewährten Entwicklungsspezifikation;
c) Vornehmen von Tests und Demonstrationen;
d) Bewerten der Dokumente vor der Freigabe." (DIN EN ISO 9000:2000)

Verlaufsdiagramm Entwicklungsdarstellung einer Funktion im Zeitablauf, d. h. zeigt die Abhängigkeit eines Sachverhalts über die Zeit

Versagen „Entstehen einer Störung bei zugelassenem Einsatz unter Einheit aufgrund einer in ihr selbst liegenden Ursache" (DGQ-Schrift 11-04)

Verschrotten „Maßnahme an einem fehlerhaften Produkt, um dessen ursprünglich beabsichtigten Gebrauch auszuschließen. Beispiele: Recycling, Zerstörung. Anmerkung: Bei fehlerhaften Dienstleistungen wird der Gebrauch durch die Einstellung der Dienstleistung ausgeschlossen." (DIN EN ISO 9000:2000) Unbrauchbares (aus Metall) entsorgen oder zerteilen, um Teile wiederzuverwerten.

Verschwendung Im Umfeld des Qualitätsmanagements wird Verschwendung im Sinne des Kaizen (siehe dort) definiert als alles, was Zeit, Raum oder Ressourcen in Anspruch nimmt, aber für den Arbeitsprozess zum betrachteten Zeit-raum nicht benötigt wird. Insgesamt wird in sieben Ver-schwendungsarten (siehe dort) eingeteilt.

Verschwendungsarten Im Sinne des Kaizen (kontinuierliche Verbesserung) werden unter den sieben Verschwendungs-arten folgende verstanden:

1. Überproduktion
2. Bestände
3. Transport
4. Wartezeiten
5. Art der Herstellung
6. Bewegungen
7. Fehler

Darüber hinaus existieren weitere Möglichkeiten, die in den obigen Arten enthalten sind, jedoch nicht explizit ausgewiesen werden (z. B. nicht genutzte Kreativität der Mitarbeiter, Demotivation der Mitarbeiter, etc.)

Versuch Ermittlung der Werte von Funktionsmerkmalen einer Einheit unter festgelegten Bedingungen

Verteilung „Qualitative Bezeichnung für den Zusammenhang zwischen den Werten von Zufallsgrößen und den diesen Werten zugeordneten Wahrscheinlichkeiten, oder zwi-schen Istwerten und den ihnen zugeordneten Besetzungs-zahlen, den summierten Besetzungszahlen, den Häufig-keiten, Häufigkeitsdichten oder Häufigkeitssummen" (DGQ-Schrift 11-04)

Verträglichkeit Eignung von Einheiten bei Erfüllung der relevanten Forderungen. Dabei müssen die spezifischen Bedingungen zusammen angewendet werden.

Vertragsprüfung Vor der Vertragsunterzeichnung durch den Auftragnehmer ausgeführte systematische Tätigkeiten. Dient zur Sicherstellung, dass alle spezifizierten Qualitäts-anforderungen des Kunden angemessen festgelegt, frei von Missverständnissen, dokumentiert und durch den Auftrag-nehmer realisierbar sind.

Vertrauensbereich „Aus Stichprobenergebnissen berechneter Schätzbereich, der den unbekannten wahren Wert des zu schätzenden Parameters auf dem vorgegebenen Vertrau-ensniveau einschließt" (DGQ-Schrift 11-04)

Vertrauensniveau „Mindestwert der Wahrscheinlichkeit, der

V

für die Berechnung eines Vertrauensbereichs oder eines statistischen Anteilsbereichs vorgegeben ist" (DGQ-Schrift 11-04)

VIM Internationales Wörterbuch der Metrologie; Grundlage für die Entwicklung von Begriffen und deren Definitionen in der DGQ-Schrift 11-04 und der DIN ISO 10012.

Vision Synonym für eine sehr langfristige Zielsetzung (in der Regel bis zu 10 Jahren); beschreibt ein (realistisches) Wunschbild, das man in der Zukunft sein bzw. erreichen möchte. Die Formulierung ist so angesetzt, dass jedermann die gleiche Vorstellung von dieser Vision hat.

Visualisierung Die Veranschaulichung von Sachverhalten mit Hilfe von Grafiken, Bildern etc.
Visualisierung von Daten, Ergebnissen und Problemen ist eines der Kernelemente im Rahmen der Mitarbeitermotivation, da Daten und deren Inhalte und Ideen in einfacher Form den Mitarbeitern vermittelt werden können.

Visuelles Management Siehe Visualisierung

VMPA Verband der Metallprüfanstalten

Vollprüfung Qualitätsprüfung hinsichtlich aller Qualitätsmerkmale

Vorbeugungsmaßnahme „Maßnahme zur Beseitigung der Ursache eines möglichen Fehlers oder einer anderen, unerwünschten, möglichen Situation.
Anmerkung 1: Ein möglicher Fehler kann mehrere Ursachen haben.
Anmerkung 2: Eine Vorbeugungsmaßnahme wird ergriffen, um das Auftreten eines Fehlers zu verhindern, während eine Korrekturmaßnahme (siehe dort) ergriffen wird, um das erneute Auftreten eines Fehlers zu verhindern."
(DIN EN ISO 9000:2000)

Vorschrift „Dokument, das verbindliche, rechtliche Festlegungen trifft und das von einer Behörde erstellt wird" (DGQ-Schrift 11-04)

Wahrer Wert „Tatsächlicher Merkmalswert unter den bei der Messung herrschenden Bedingungen" (DGQ-Schrift 11-04)

Wahrscheinlichkeitsfunktion „Funktion, die jedem Wert, der eine diskrete Zufallsgröße annehmen kann, eine Wahrscheinlichkeit zuordnet" (DGQ-Schrift 11-04)

Wahrscheinlichkeitsnetz „Formblatt zur grafischen Darstellung von Wahrscheinlichkeitsverteilungen zwecks vereinfachter Analyse" (DGQ-Schrift 11-04)

Wahrscheinlichkeitsverteilung „Verteilung von Zufallsgrößen" (DGQ-Schrift 11-04)

Warngrenze „In eine Qualitätsregelkarte eingetragener Höchstwert oder Mindestwert, unterhalb oder oberhalb dessen die einzutragenden Istwerte mit großer Wahrscheinlichkeit liegen, solange der Prozess beherrscht wird" (DGQ-Schrift 11-04)

Wartung Teil der Instandhaltung; entspricht der vorbeugenden Instandhaltung;
Wartung wird auch als Begriff verwendet für den vertraglich festgelegten Kundenservice nach dem Kauf eines Produkts/Dienstleistung.

Wertanalyse Systematische, auf Funktionen gerichtete Methode, mit dem eine Organisation den vom Kunden erwarteten Wert mit den geringsten Kosten erstellen kann. Die Wertanalyse als Kostensenkungsmaßnahme der Herstellkosten von Produkten orientiert sich an den Funktionen eines Produkts, wobei unterschieden wird in Haupt-, Hilfs- und überflüssige Funktionen. Die Einteilung in diese Klassifikation erfolgt aus Kundensicht.
Nähere Beschreibung kann in DIN 69910 nachgelesen werden.

Wertschöpfung Wertschöpfung bedeutet die Erhöhung des Wertes einer Organisation nach durchgeführten Tätigkeiten. Meistens ist damit der direkte oder indirekte finanzielle Zugewinn gemeint (in der japanischen Unternehmensphilosophie wird die Wertschöpfung als „das, was der Kunde bereit ist zu zahlen" definiert).
Jedoch kann ein anderer Kundennutzen den Wert einer Organisation auch erhöhen (z. B. im Gesundheitswesen humanethische Aspekte).
Die Arbeitsprozesse können in wertschöpfende und nicht wertschöpfende Teile unterschieden werden. Ziel aller

W

Unternehmen sollte es sein, nicht wertschöpfende Arbeitsschritte zu eliminieren und den Anteil der wertschöpfend Arbeitsschritte zu erhöhen.

Wiederholungsprüfung Qualitätsprüfung mit bestimmten Vorgaben innerhalb einer Serie von durchzuführenden Qualitätsprüfungen an derselben Einheit, nachdem eine erste ursprüngliche Qualitätsprüfung der gleichen Art an der gleichen Einheit zu einem unerwünschten Ergebnis führte.

Wiederkehrende Prüfung Qualitätsprüfung, die nach bestimmten Vorgaben innerhalb einer Serie von durchzuführenden Qualitätsprüfungen an derselben Einheit in einem bestimmten Intervall wiederholt wird.

Wirksamkeit „Ausmaß, in dem geplante Tätigkeiten verwirklicht und geplante Ergebnisse erreicht werden.“
(DIN EN ISO 9000:2000)
Synonym für: Effektivität (siehe dort)

Wissensmanagement Planen, Lenken und Überprüfen von Wissen in einer Organisation. Wissensmanagement untersucht, welches Wissen, bei welcher Funktion, welcher Person, in welchem Umfang gebraucht wird. Dementsprechend werden die Informationen in geeigneter Form zur Verfügung gestellt und vermittelt.
Wissen wird verarbeitet und erzeugt, wobei es grundsätzlich in zwei Kategorien eingeteilt werden kann:

- Explizites Wissen: lässt sich formal artikulieren; kann über Sprache, Daten, Bilder etc. weitergegeben werden
- Implizites Wissen: entzieht sich dem formalen sprachlichen Ausdruck (persönliche Überzeugung, Perspektiven, Wertsysteme); entsteht durch persönliche Erfahrung

Bausteine des Wissensmanagements sind:

- Wissensziele
- Wissenserwerb
- Wissensaustausch
- Wissensbewahrung
- Wissensnutzung
- Wissenscontrolling

Workflow Vorgangssteuerung;
Workflow-Systeme dienen zur mitlaufenden computerunterstützten Gestaltung der Arbeitsprozesse: Sie können Dokumentationsflüsse und Abläufe mit fortschreitender

Bearbeitung über verschiedene Organisationseinheiten dokumentieren, elektronisch analysieren und anschließend bewerten.

W

Zählung „Ermitteln des Wertes eines diskreten Merkmals mit der Dimension 1" (DGQ-Schrift 11-04)

Zero-Base Budgeting Budgetierungsansatz, der in den 60er-Jahren von Texas Instruments entwickelt worden ist. Ziel des Verfahrens ist die Verhinderung der Fortschreibung neuer Budgets auf der Basis von Vergangenheitswerten. Jeder Leiter muss das für seinen Bereich geforderte Budget von Grund auf („Zero Base") rechtfertigen. Bisherige Mittelzuweisungen für bestehende Leistungen werden in Frage gestellt. ZBB hat damit nicht nur eine Gesamtkostensenkung zur Folge, sondern auch eine verbesserte Ressourcenzuteilung.

Zertifizierung Allgemein: Überprüfung von gesamten Unternehmen, Betriebsabläufen oder Produkten auf die Erfüllung von bestimmten Kriterien durch unparteiische Dritte. Eine positiv verlaufene Zertifizierung wird meist durch ein Gütezeichen oder Gütesiegel (Zertifikat) bestätigt. Ziel ist die Vertrauensschaffung, dass ein bezeichnetes Produkt, Verfahren oder Dienstleistung in Übereinstimmung mit einem bestimmten normativen Dokument ist.
Siehe auch unter „Drittparteien-Audit"

Ziel Konkret definierter zu erreichender Zustand in der Zukunft; ein Ziel setzt sich in der Regel zusammen aus:
1. Beschriebener Zustand, der erreicht werden soll
2. Termin in der Zukunft
3. Dimension
Weiterhin sind Zielbestandteile:
1. Verantwortlichkeit
2. Maßnahmen, um das Ziel zu erreichen
3. Ressourcen
4. Ggf. Prioritäten

ZLG Zentralstelle der Länder für Gesundheitsschutz

ZLS Zentralstelle der Länder für Sicherheitstechnik

ZP Zerstörungsfreie Prüfung

Zufällige Messabweichung „Bestandteil der Messabweichung, der im Verlauf mehrerer Einzelergebnisse nach Betrag und Vorzeichen zufällig schwankt" (DGQ-Schrift 11-04)

Zufallsgröße „Größe, deren Wertebereich bekannt ist, von der aber unbekannt ist, welchen Wert sie im Einzelfall zufällig annimmt" (DGQ-Schrift 11-04)

Z

Zufallsprobenahme „Probenahme nach einem Zufallsverfahren, bei dem jeder möglichen Kombination von n Auswahleinheiten eine vorgegebene Auswahlwahrscheinlichkeit zugeordnet ist" (DGQ-Schrift 11-04)

Zustand „Beschaffenheit im Augenblick der Betrachtung der Einheit" (DGQ-Schrift 11-04)

Zuständigkeitsart „Art der Kombination von Verantwortung und Befugnis" (DGQ-Schrift 11-04)

Zuverlässigkeit „Zusammenfassender Ausdruck zur Beschreibung der Verfügbarkeit und ihrer Einflussfaktoren Funktionsfähigkeit, Instandhaltbarkeit und Instandhaltungsbereitschaft.
Anmerkung: Zuverlässigkeit wird nur für allgemeine Beschreibungen in nichtquantitativem Sinn benutzt.
[IEC 60050-191:1990]" (DIN EN ISO 9000:2000)

Zuverlässigkeitsforderung „Derjenige Teil der Qualitätsforderung, der das Verhalten der Einheit während oder nach vorgegebenen Zeitspannen bei vorgegebenen Anwendungsbedingungen betrifft" (DGQ-Schrift 11-04)

Zweitparteien-Audits Spezielle Form eines Audits
„Anmerkung: (...).
Externe Audits schließen ein, was allgemein „Zweit-" oder „Drittparteien-Audits" genannt wird.
Zweitparteien-Audits werden von Parteien, die ein Interesse an der Organisation haben, wie z. B. Kunden, oder von Personen im Namen dieser Parteien durchgeführt."
(DIN EN ISO 9000:2000)
Siehe auch „Audit", „Erstparteien-Audit" und „Drittparteien-Audit"

Zwischenprüfung Qualitätsprüfung während des Fertigungsprozesses einer Einheit

Dr. Gerhard Gietl

Jahrgang 1963, studierte an der Universität Regensburg Chemie und promovierte – nach seinem Abschluss als Diplom-Chemiker mit dem Schwerpunkt Physikalische Chemie/ Informatik – 1994 zum Dr. rer. nat.

Nach seiner Tätigkeit als wissenschaftlicher Assistent am Lehrstuhl für Anorganische Chemie an der Universität Regensburg führte ihn sein beruflicher Werdegang vor allem in die Qualitätskontrolle, das Qualitätsmanagement und in das Umweltmanagement. Er ist ferner ausgebildeter Qualitätsauditor und Umweltauditor/Umweltbetriebsprüfer (TÜV).

Seit Januar 1999 ist Dr. Gerhard Gietl Geschäftsführer einer Beratungsgesellschaft. Daneben ist er als Berater für viele namhafte Firmen und als Referent für zahlreiche Institutionen tätig. Als Fachdozent der TÜV-Akademien schult er unter anderem auch Zertifizierungsauditoren.

Seine hauptsächlichen Arbeitsbereiche liegen auf den Gebieten Qualitäts- und Umweltmanagement, Prozessgestaltung und -management, Strategie und Zielmanagement, Balanced Scorecard.

Nachschlagewerk

Umweltmanagement:
Begriffe und Definitionen

1. Auflage 2001

176 Seiten
Einzelpreis DM 35,20 / € 18,–

Autor: Dr. Gerhard Gietl

Das Engagement der Wirtschaft für den Einsatz einer umweltschonenden Handlungsweise ist in den letzten Jahren permanent gestiegen. Zahlreiche Techniken, Gesetze, Technische Regelwerke, Verordnungen, Publikationen und vieles mehr liefern dazu die notwendige Basis.

Immer mehr ist damit für den Anwender die Notwendigkeit entstanden, den Überblick in diesem Geflecht von Begriffen, Abkürzungen und Definitionen zu behalten.

Das Wichtigste zügig und einfach zu beantworten, ist Ziel dieses Nachschlagewerkes. Von A-Z sortiert ist schnelles Finden von Begriffen und Erläuterungen möglich.

Eine weitere Hilfe bieten Hinweise über Spezialliteratur sowie zuständige Behörden und Anlaufstellen.

Nicht nur für den Praktiker im Umweltmanagement, sondern auch für Referenten, Studium, Beruf und Weiterbildungen eine unentbehrliche Grundlage.

Verlag Dr. Ingo Resch GmbH
Maria-Eich-Straße 77
D-82166 Gräfelfing

Bestellannahme:
0 81 05 – 27 19 32

Schulungsunterlagen und Lernprogramme
›Sicherer Umgang mit Gefahrstoffen‹

Herbert Bender,
Overhead-Lehrsysteme
Folien und Vortragstexte
zur Schulungsveranstaltung.

Die Gefahrstoffverordnung	38 Farbfolien und Vortragstexte	€ 187,10
Die Chemikalien-Verbotsverordnung	17 Farbfolien und Vortragstexte	€ 79,25
Einstufung von Stoffen und Zubereitungen	34 Farbfolien und Vortragstexte	€ 164,12
Betriebsanweisungen nach § 20 GefStoffV	10 Farbfolien und Vortragstexte	€ 46,53
Arbeitsplatzgrenzwerte beim Arbeiten mit Gefahrstoffen	12 Farbfolien und Vortragstexte	€ 55,73
Körper- und Atemschutz	29 Farbfolien und Vortragstexte	€ 147,76
Gefahrstoffmessungen am Arbeitsplatz	19 Farbfolien und Vortragstexte	€ 93,57
Lagerung von Gefahrstoffen	17 Farbfolien und Vortragstexte	€ 79,25
Brennbare Stoffe	14 Farbfolien und Vortragstexte	€ 68,02
Frauen im Umgang mit Gefahrstoffen	11 Farbfolien und Vortragstexte	€ 54,20
Sicherheit in Laboratorien	22 Farbfolien und Vortragstexte	€ 108,39
Toxikologische Grundlagen	17 Farbfolien und Vortragstexte	€ 83,85
Die Gefahrgutverordnung Straße	19 Farbfolien und Vortragstexte	€ 93,06
Einstufung von Gefahrgütern	28 Farbfolien und Vortragstexte	€ 130,89
Gesetzliche Grundlagen des Gefahrstoffrechts	40 s/w-Folien und Vortragstexte	€ 153,39
Stoffeigenschaften und Luftgrenzwerte beim Arbeiten mit Gefahrstoffen	26 s/w-Folien und Vortragstexte	€ 99,70
Die Laborrichtlinie	17 s/w-Folien und Vortragstexte	€ 64,93

Herbert Bender, CD-ROM-Lernprogramme

Das Gefahrstoffrecht	€ 770,53
Die Gefahrstoffverordnung	€ 207,07
Arbeitsplatzgrenzwerte beim Arbeiten mit Gefahrstoffen	€ 106,35
Einstufung von Stoffen und Zubereitungen	€ 207,07
Die gefährlichen Eigenschaften von Stoffen	€ 207,07
Sicherheit in Laboratorien	€ 177,42
Sicherheit für Laboranten	€ 106,35
Sicherheit für Laborleiter	€ 118,11
Stäube, Fasern und Partikel	€ 129,87
Die Gefahrgutverordnung Straße	€ 106,35
Einstufung von Gefahrgütern	€ 106,35

 **Verlag Dr. Ingo Resch GmbH**
Maria-Eich-Straße 77
D-82166 Gräfelfing

Bestellannahme:
0 81 05 – 27 19 32

Friedrich Hanssmann

Humanisierung
des Managements
Ein christlicher Standpunkt

Resch

Humanisierung
des Managements
Ein christlicher Standpunkt

Friedrich Hanssmann

1. Auflage 2001
192 Seiten, Broschur
DM 29,34 / € 15,–

Der Manager trifft mit seinen Entscheidungen andere Menschen
existentiell. Er muss für seinen
Betrieb das beste herausholen und
gerät damit in Konfliktsituationen.

Es ist daher nicht unwesentlich, welchem Weltbild er sich verpflichtet
fühlt. Friedrich Hanssmann, der sich in seiner Forschungs- und Lehr-
tätigkeit vor allem auf Entscheidungsunterstützung im Management
konzentriert hat, zeichnet hier Grenzbereiche auf; dort wo eben
mehr verlangt wird als ein aus quantitativen Daten sich ergebendes
Kalkül.

Die Frage an welchen Werten sich der Manager orientieren soll,
macht er auf drei Ebenen fest: der persönlichen, der betrieblichen
und der gesellschaftlichen. Mit gedanklicher Präzision zeigt er, wo
die Wurzeln für unsere Entscheidungen liegen. Er belegt, dass wir
nicht auf Ertrag verzichten müssen, sondern im Gegenteil, sofern wir
an der christlichen Botschaft anknüpfen.

RESCH

Verlag Dr. Ingo Resch GmbH
Maria-Eich-Straße 77
D-82166 Gräfelfing

Bestellannahme:
0 81 05 – 27 19 32

Notizen